¡Ssssssshhhhhhhhhh!

Haz del teatro algo íntimo

Llévalo siempre en el bolsillo

Cubierta y diseño editorial: Éride, Diseño Gráfico
Dirección editorial: ángel jiménez

Primera edición: noviembre, 2024

Los náufragos
© Antonio Prieto
© VdB, 2024
Espronceda, 5
28003 Madrid

VdB

ISBN: 978-84-19850-85-0
Depósito Legal: M-24584-2024
Diseño y preimpresión: Éride, Diseño Gráfico

 Este libro protege el entorno

los náufragos

Obra finalista del certamen Secuencia 3
de textos teatrales 2024

Antonio Prieto
(Madrid, 1961)

Guionista profesional con más de veinte años de trayectoria, autor y director de teatro. Ha escrito para televisión en *Amar en tiempos revueltos*, *Amar es para siempre*, *El Super*, *Madre...* y otras más.

Ha escrito y dirigido varias obras de teatro: *El Ministro* (galardonada con el Premio internacional de Teatro Agustín González), *Suceso en el congreso* y *No sé si me explico*.

Ha hecho la adaptación para España de la serie *Betty la fea*, Grundy Producciones, y la adaptación y guion de la serie *Heridas* para Antena 3 TV. Buendia Producciones.

Autor, en 2021, del guion de la película *Héroes de Barrio*, actualmente en HBO.

Es también el director del programa *Inocente, Inocente*, de Antena 3.

En 2022 presenta en el Festival Internacional de Teatro Clásico de Mérida la versión de Plauto, *Miles Gloriosus*.

En la actualidad desarrolla en IZEN Producciones, distintos proyectos para Netflix y otras plataformas.

Antonio Prieto

los náufragos

Obra finalista del certamen Secuencia 3
de textos teatrales 2024

Personajes

FELICIANO
VERONIQUE
GÜNTHER

Ruido del interior de un avión que está cayendo.

VOCES   (*En off.*) ¡Estamos cayendo! ¡¿Qué pasa?! ¡¡¡¿Qué pasa!!!? ¡¡¡¡Vamos a chocar!!!!!

AZAFATA   (*Voz en off. Por megafonía.*) Por favor permanezcan sentados y no pierdan la calma, el comándate lo tiene todo bajo control…

(*Se oye una gran explosión.*)

La acción transcurre en una isla solitaria en medio del océano. Estamos en una playa. Oímos el ruido de las olas al batir contra las rocas y el graznido de las gaviotas. Al fondo unas grandes rocas mezcladas con vegetación. También se ven un par de cocoteros al fondo a la derecha. El mar, hecho con film plástico de color azul oscuro cuyo suave movimiento simula las olas, se pierde por ambos foros del escenario. De pronto, saliendo del foro de la izquierda vemos surgir entre las olas y arrastrándose con dificultad en dirección a la playa a dos hombres y a una mujer. Son FELICIANO ACOSTA, *un hombre de unos cuarenta años.* GÜNTHER RASKOPH, *de entre cincuenta y sesenta; y* VERONIQUE PLAMONDON *una mujer muy atractiva de alrededor de treinta y cinco o cuarenta. Los tres están elegantemente vestidos, aunque sus vestimentas están bastante maltrechas. Los tres se acercan como pueden a la isla, están agotados pues llevan nadando horas.*

FELICIANO   Vamos Veronique, ánimo…

VERONIQUE   No puedo más, los brazos me pesan…

FELICIANO   Claro que puede. Venga, que ya estamos…

VERONIQUE   Tengo las piernas dormidas…

FELICIANO   Vamos, yo la ayudo.

(FELICIANO *la coge por detrás.*)

VERONIQUE   Eh, que eso no son las piernas…

FELICIANO   (*Muy agobiado.*) Lo siento, pero es que no sé… no sé cómo…

(FELICIANO *ya no sabe muy bien como sujetarla.*)

VERONIQUE   Sujéteme hombre…

FELICIANO   No, si en eso estoy, pero es que…

(*Los tres llegan por fin a la playa dejándose caer desfallecidos en la orilla. Tras recuperar el resuello, se incorporan poco a poco y se quedan mirando al mar, en la misma dirección de la que provenían.*)

VERONIQUE   ¿Somos los únicos supervivientes?

GÜNTHER   En el mar no había nadie más…

VERONIQUE   Dios mío, qué tragedia…

(*Los tres se miran con gravedad.*)

GÜNTHER   Sabía que no tenía que haber ido a ese congreso…

VERONIQUE   No se queje Günther… Es usted el empresario que más ventas ha hecho.

            (*Impactados aún por lo ocurrido, los tres se quedan pensativos mirando alrededor.*)

GÜNTHER   ¿Dónde estamos? ¿Esto es una isla o… es la costa de algún país…?

            (FELICIANO *estudia el entorno.*)

FELICIANO   Según mis cálculos estamos en algún lugar del hemisferio norte…

GÜNTHER   ¿Por qué esta tan seguro?

FELICIANO   Fabrico GPS´s para toda clase vehículos… Es más, yo diría que estamos en una isla en medio del mar Muerto…

GÜNTHER   Pero si el mar Muerto no tiene islas…

FELICIANO   Debe tenerlas porque estamos en una.

GÜNTHER   ¿Y qué le hace pensar que estamos en el mar Muerto?

FELICIANO   Sencillo… Salimos de Japón en dirección a Europa y llevábamos unas ocho horas de vuelo cuando se produjo el accidente… Así que supongo que estaríamos sobrevolando Uzbekistán… Si hemos caído en el agua… Éste tiene que ser por fuerza el mar Muerto…

VERONIQUE   Me parece que usted se refiere al mar Negro…

FELICIANO   ¿No son el mismo?

GÜNTHER   No, no, el mar Muerto es uno… Y el Negro es otro…

FELICIANO   (*Sorprendido.*) O sea que son dos.

VERONIQUE   Por supuesto.

FELICIANO   Vaya… pues yo siempre he creído que…

GÜNTHER   Además no seguíamos esa ruta… Rodeábamos el globo terraqueo en la otra dirección… Debíamos estar sobrevolando Norteamérica… Así que esto… tiene que ser el lago Michigan… Chicago debe estar hacia allí… y hacia allá tiene que estar Milwaukee…

VERONIQUE   ¿Seguro?

GÜNTHER   Completamente.

VERONIQUE   Se me hace un poco raro que haya palmeras con cocos en Chicago, ¿no le parece?… Por no hablar de este calor…

FELICIANO   Ella tiene razón… Esto no es Chicago… Esto se parece más a Canarias.

GÜNTHER   ¿Cómo vamos a pasar por Canarias viniendo desde Japón…?

FELICIANO   No, no… Yo no digo que sea Canarias digo que se parece… También puede ser Madagascar… O incluso la Martinica…

GÜNTHER   (*Asombrado a* FELICIANO.) Oiga ¿y vende usted muchos GPS´s…?

FELICIANO   Somos una empresa en expansión.

VERONIQUE   En resumen, que no sabemos dónde estamos…

FELICIANO   Me resisto a admitir eso. Si nos esforzamos un poco seguro que podemos averiguar cuál es nuestra localización. (*Vemos que* FELICIANO *mientras habla va pintando una especie de mapa en el suelo con un palo.*) Hagamos un plano para ver nuestro recorrido. Aquí esta Japón… esto es el Pacífico… esto Norteamérica… esto el Océano Atlántico… Y aquí está Europa…

GÜNTHER   España no es tan grande…

FELICIANO   Bueno, lo corrijo un poco…

VERONIQUE   ¿Eso es Francia?

FELICIANO   Sí…

VERONIQUE   Francia es más grande que España, es la realidad.

FELICIANO   Como son ustedes los franceses, eh… Bueno, la hago más grande…

GÜNTHER   Se está metiendo en Alemania…

FELICIANO   Bueno, pues lo que hemos quitado de aquí lo ponemos aquí… Vaya… (*Mira a* GÜNTHER *e ironiza.*) Otra vez han invadido ustedes Polonia… (GÜNTHER *lo mira serio.* FELICIANO *se concentra de nuevo.*) Vamos a ver…Veníamos en esta dirección y estuvimos volando ocho horas… Ocho horas a 900 km/h… Salen unos 5400 km… ¿Estamos de acuerdo? (*Los otros dos asienten.*) 5400 km vendría a ser más o menos esta distancia… O sea que estamos aquí.

GÜNTHER   ¿En California?

FELICIANO   Sin duda. Eso explica la temperatura y las palmeras…

VERONIQUE   (*Mirando su entorno.*) ¿Está diciendo que esto es California?

FELICIANO   No conozco mucho California pero tiene toda la pinta…

VERONIQUE	Oiga, eso no son formas de medir una distancia… De Japón a Nueva York hay 10.000 km. Nosotros hemos recorrido aproximadamente la mitad… La mitad entre estos dos puntos está más o menos aquí.

(*Los tres miran circunspectos el punto señalado en el suelo.*)

FELICIANO	En medio del mar…
GÜNTHER	Exacto.
FELICIANO	¿Seguro?
GÜNTHER	Estamos en una isla en medio del océano Pacífico… ¿O no lo ve?

(*Los tres miran de nuevo a su alrededor.*)

VERONIQUE	(*Sobrecogida.*) ¿Qué va a ser de nosotros? ¿Cómo vamos a sobrevivir aquí?
FELICIANO	No se preocupe Veronique… Puedo hacer frente a esta situación y garantizar la seguridad y la supervivencia de los tres. Me crié en el campo, ¿sabe? Conozco todo sobre las plantas… Sé hacer fuego con un par de palos… Y se me da muy bien cazar conejos…
VERONIQUE	(*Enfadada.*) ¡Aquí no hay conejos!

FELICIANO   No, no creo… Pero, bueno… A lo mejor hay lagartos…

VERONIQUE   ¡No pienso comer lagarto!

FELICIANO   Tranquila. Encontraremos algo.

VERONIQUE   ¿Y si no encontramos nada?

FELICIANO   Bueno… En el peor de los casos… Siempre podremos pescar algo.

VERONIQUE   ¡No me gusta el pescado!

FELICIANO   (*Resignado.*) Vaya… Bueno, en mi opinión lo primero que hay que hacer es averiguar en qué clase de isla estamos y aplicar inmediatamente los principios básicos de supervivencia en estos casos.

(FELICIANO *se da la vuelta y se encamina hacia el interior de la isla.*)

GÜNTHER   ¿A dónde va?

FELICIANO   A reconocer el terreno, tenemos que ver si hay agua potable en las inmediaciones, árboles frutales o arbustos con cuyas bayas podamos alimentarnos; incluso podría haber hierbas comestibles que nos ayuden a mantenernos. También debemos buscar ramas y hojas con las que elaborar un refugio para protegernos. No sabemos cuánto tiempo vamos a estar aquí… Puede que permanezcamos aislados durante semanas, incluso meses… Es más, en previsión de lo que pueda pasar deberíamos pensar en cómo organizarnos socialmente. Deberíamos elegir a un líder: alguien que sepa dirigirnos y encontrar soluciones cuando todo parezca perdido.

GÜNTHER   ¿Puedo hablarle con franqueza?

FELICIANO   Por supuesto.

GÜNTHER   No sea usted imbécil.

FELICIANO   ¿Co… cómo?

GÜNTHER   Veronique es la directora general de la compañía aérea más grande de Francia, y yo soy uno de los empresarios más importantes de Alemania… y usted es… es…

FELICIANO   Tengo una fábrica de GPS´s en Caceres, bueno… De momento es solo un taller, pero en cuanto me concedan el crédito…

GÜNTHER   Es igual, estamos aquí alguna de las personas más importantes del continente europeo…

VERONIQUE   (*Puntualiza.*) Dos.

GÜNTHER   Eso: dos. Así que puedo asegurar que en estos momentos el mundo entero está buscándonos. Las cajas negras del avión están emitiendo señales de radio que están siendo rastreadas por centenares de satélites y por cierto todos ellos cuentan con tecnología de última generación fabricada en Alemania, así que su funcionamiento está garantizado. Es cuestión de horas que seamos localizados. Yo que ustedes me preocuparía más bien de estar un poco presentables. Los helicópteros deben estar a punto de llegar… (GÜNTHER *mira con curiosidad a* FELICIANO.) Oiga y usted siendo un empresario tan…tan… (*Busca la palabra.*) modesto… ¿Cómo es que fue invitado al congreso?

FELICIANO   No, no… yo no estaba invitado al congreso, yo volaba en el avión porque le acaban de instalar mi GPS.

(*Ambos miran atónitos a* FELICIANO.)

Oscuro.

Paso de tiempo. Una gran aleta de tiburón cruza el mar de lado a lado del escenario con un cartel en el que podemos leer: «dos semanas después». Vemos a GÜNTHER en un extremo de la isla oteando el horizonte, VERONIQUE esta aburrida en la orilla jugueteando con la arena. FELICIANO viene del interior de la isla. Trae unas hojas de palmera. Se sienta y empieza a manipular las hojas.)

FELICIANO   (*Irónico.*) Qué Günther… Siguen sin aparecer los helicópteros ¿verdad?

GÜNTHER   No sé qué ha podido ocurrir…

FELICIANO   Algo ha tenido que pasar porque llevamos semanas aquí…

GÜNTHER   Nuestros cadáveres no han aparecido, y si no aparecen nuestros cadáveres es porque estamos vivos. Seguro que siguen buscándonos…

FELICIANO   Pero si ni siquiera hemos oído aviones.

GÜNTHER   Porque estarán buscándonos en otra dirección… El océano es muy grande…

FELICIANO   Y eso que nos iban a detectar en cuestión de minutos… (*Sarcástico.*) Parece que la tecnología alemana no siempre funciona, eh…

GÜNTHER   Lo que parece más bien es que el equipo de rastreo esté utilizando su sistema de GPS.

FELICIANO   Mida sus palabras Günther… Mi GPS funciona perfectamente… ¡Es tecnología española de vanguardia!

VERONIQUE   Si es tecnología de vanguardia no puede ser española. Son conceptos opuestos.

FELICIANO   ¿Ah sí? ¡Pues el avión en que volábamos cuando caímos al mar era francés!

VERONIQUE   ¡La ingeniería área francesa tiene prestigio mundial! El problema fue que volaba con un sistema de navegación español.

FELICIANO   Lo que se rompió fue el avión no su GPS… A saber con qué materiales hicisteis el puñetero aeroplano…

VERONIQUE   Pues con aluminio alemán… Pregúntele a Günther qué clase de aleaciones usan en sus altos hornos…

GÜNTHER   ¡El mismo que utilizamos para fabricar nuestros coches! Ésos coches con los que luego presumís tanto.

FELICIANO   Pues que sepa que los coches españoles tie-
              nen más años de garantía que los alemanes.

VERONIQUE   Y ni aun así los vendéis.

FELICIANO   ¡Eso es mentira!

VERONIQUE   ¿Mentira? Hay que estar loco para comprar
              algo fabricado en España.

GÜNTHER   ¡Basta! ¡¡Basta!! (*Se produce un tenso silen-*
              cio.) Esto no puede ser. No podemos estar
              aquí tirándonos los trastos a la cabeza… Te-
              nemos que dar ejemplo de convivencia.

VERONIQUE   Tiene razón Günther… Ha sido bochorno-
              so… No podemos faltarnos al respeto de esa
              manera… Ofender a Günther es como ofen-
              der al pueblo alemán… Del mismo modo que
              ofenderme a mí, es como ofender al pueblo
              francés… y… (FELICIANO *asiente, esperando*
              ser él el siguiente citado, pero no es así.) Y no
              podemos entrar en ese juego de degradación
              moral. Debemos estar por encima de eso…

GÜNTHER   Eso es exactamente lo que yo quería decir
              Veronique.

FELICIANO   Perdonen… Pero parece que ofenderme a mí
              no es importante y eso me ofende porque…

GÜNTHER   (*Lo interrumpe.*) Feliciano por favor… Esta-
              mos diciendo que debemos estar por encima

de esas cosas. Somos empresarios de talla internacional, debemos dar ejemplo de convivencia, tolerancia y capacidad de gestión. Y da igual que estemos en una isla. Esto debería ser incluso un reto para nosotros. Formamos parte de la Unión Europea, de la OTAN, del Fondo Monetario Internacional... Del Grupo de los 7... Hagamos que nuestra vida en esta isla funcione de la misma manera. ¿Estamos de acuerdo?

VERONIQUE   Si...

FELICIANO   (*Se disculpa.*) Perdonen pero es que España no está en el Grupo de los 7...

GÜNTHER   Es igual Feliciano... Hagamos aquí las cosas bien, y cuando estemos de vuelta te garantizo que estaréis...

FELICIANO   ¿Seguro?

GÜNTHER   Eso corre de mi cuenta. Yo tengo mucha mano ahí.

FELICIANO   (*Feliz.*) Gracias Günther.

GÜNTHER   Y ahora dispongámonos a crear aquí en esta isla, cual si de una nueva Grecia se tratase, un modelo de convivencia y civilización. Y que el mundo vea de lo que son capaces de hacer personas provenientes de dos países distintos cuando trabajan juntas...

FELICIANO   (*Apunta.*) Tres…

GÜNTHER   ¿Qué?

FELICIANO   Tres países.

GÜNTHER   Sí, eso.

(*Los tres sonríen con gesto decidido.*)

Oscuro.

La gran aleta de tiburón cruza el mar de lado a lado del escenario con un cartel en el que podemos leer: «Ocho meses después». FELICIANO está vestido con las mismas ropas pero bastante más deterioradas. Tiene el pelo largo y barba. Está sentado en la playa, con aire melancólico tirando ramitas al agua. Al cabo de un rato vemos que observa con atención la rama que acaba de tirar. Luego tira otra, y luego otra mucho más lejos, esta última se pierde por el foro del escenario…

FELICIANO   Caramba… (FELICIANO *se levanta y se asoma con gesto curioso hacia el interior de la isla, después regresa a la orilla con una gruesa rama en la mano. Se sienta de nuevo y se queda pensativo mirando hacia el mar.*) Si… ¡Sí!

(En ese momento empiezan a oírse jadeos provenientes de la choza que hay detrás de él.)

VERONIQUE   ¡Oh Gunchi… Gunchi… Gunchi… ooooo-ohhhhhh…!

GÜNTHER   ¡Aaaaaaahhhhh! ¡Aaaaaaaahhhhhh! (FELICIA-NO *mueve la cabeza con gesto de desaprobación. Al cabo de un rato sale* GÜNTHER *de la choza, lleva la misma ropa pero también bastante más ajada, el pelo largo, y barba.)* Vaya… Creo que hemos vuelto a gritar más de la cuenta… ¿Te hemos despertado?

FELICIANO   Llevo despierto un buen rato…

(VERONIQUE *sale de la choza. Al igual que sus compañeros con la misma ropa pero también más deteriorada y el pelo recogido en un moño.)*

VERONIQUE   Buenos días Feliciano…

FELICIANO   Buenos días Veronique… Por cierto, cuando regresemos a la civilización y los periodistas nos pregunten cómo vivíamos aquí… ¿Qué vais a decir sobre lo vuestro?

GÜNTHER   Llevamos casi un año en esta puñetera isla, invisible para satélites y fuera de cualquier ruta de navegación… Considerando la situación, da gracias que no nos hayamos convertido en caníbales…

VERONIQUE   Además yo estoy soltera, no tengo que dar explicaciones a nadie.

FELICIANO   Tú sí, pero Günther está casado…

GÜNTHER   No seas aguafiestas Feliciano.

FELICIANO   Dijimos que íbamos a crear un modelo de convivencia…

GÜNTHER   Y lo hemos hecho. Tenemos un mercado de cocos semanal…

FELICIANO   Me refiero a lo moral. Os comportáis como si esto fuera Sodoma y Gomorra.

GÜNTHER   Un momento, no estoy dispuesto a aceptar esas críticas. La relación entre Veronique y yo es producto de la situación en que estamos: aislados de todos y con necesidades básicas que atender… Somos personas… Tenemos sentimientos…

VERONIQUE   Además no sé por qué te indignas tanto, tú fuiste el primero que intentó seducirme…

GÜNTHER   ¿Cómo?

(FELICIANO *se disculpa con* GÜNTHER.)

FELICIANO   Eh… Fue una noche tonta…

VERONIQUE   ¿Una noche? Estuviste semanas detrás de mí… Me propusiste incluso ir a vivir al otro lado de la isla y crear una familia tú y yo.

GÜNTHER   ¿Hiciste eso?

FELICIANO   Bueno… me pareció que si teníamos cierta intimidad podríamos prosperar mejor como pareja.

GÜNTHER   ¡Increíble, o sea que tú sí puedes engañar a tu esposa y yo no!

FELICIANO   Cuando yo lo intenté con Veronique llevábamos meses esperando ser rescatados y la salida de esta isla era a todas luces imposible. Estábamos condenados a pasar en este sitio el resto de nuestras vidas… ¡Pero la situación ahora ha cambiado!

GÜNTHER   ¿Qué quieres decir?

             (FELICIANO *se toma su tiempo antes de responder.*)

FELICIANO   Que hay una forma de salir de aquí.

GÜNTHER
/VERONIQUE   ¿¡Qué!?

FELICIANO   Hace varios días que la vengo observando… La solución la hemos tenido ahí, delante de nosotros desde el primer día.

             (FELICIANO *coge una hoja del suelo y con gran ceremonia la arroja al mar.*)

GÜNTHER
/VERONIQUE   ¿Qué?

FELICIANO   Observad cómo se aleja esta hoja…

(*Los dos se quedan mirando cómo se aleja la hoja. Los espectadores no lo ven, es algo que está sucediendo entre las olas.*)

VERONIQUE   Se aleja… ¿y qué?

FELICIANO   Hay una corriente que va en dirección norte…

GÜNTHER   ¿Y qué pasa con ella?

FELICIANO   Que seguramente llega hasta la costa americana…

VERONIQUE   Vaya, habló el del GPS…

FELICIANO   Reconozco que no estoy seguro de que llegue tan lejos… Pero la corriente existe y nos puede alejar centenares de kilómetros de aquí… Los suficientes como para cruzarnos con algún barco… De hecho, como nuestros cadáveres siguen sin aparecer, es probable que incluso aún haya unidades de helicópteros buscándonos… ¿O no Günther?

GÜNTHER   Sí, sí… Eso es posible… Pero ¿y si esta corriente se acaba a un par de kilómetros de aquí…?

FELICIANO   Las corrientes oceánicas recorren miles de kilómetros… Es imposible que esta no nos lleve a algún sitio…

GÜNTHER   ¿Y cuánto tiempo tendríamos que estar na-
          vegando…? ¿Semanas, meses…? ¿Qué co-
          meríamos, qué beberíamos…?

FELICIANO Ya lo he previsto, haremos acopio de cocos y
          de agua… Si nos organizamos bien podemos
          acumular suministros para mantenernos du-
          rante más de dos meses, tiempo suficiente
          para llegar a cualquier sitio.

GÜNTHER   ¿Y en qué navegaríamos?

FELICIANO Construiremos una balsa.

VERONIQUE Feliciano… No estarás pensando en cortar
          las palmeras…

FELICIANO Reconozco que fue mi primera opción.

VERONIQUE ¿Pero si las cortamos de dónde vamos a sa-
          car los cocos para poder vivir?

FELICIANO Lo sé, lo sé… Pero he encontrado otra solu-
          ción. (FELICIANO *coge la rama que fue a buscar*
          hace un rato.) En el interior de la isla hay unos
          cuantos arbustos que dan este tipo de ramas…
          Cada rama tarda en alcanzar el tamaño que
          necesitamos un par de meses o tres… Según
          mis cálculos, en diez meses o un año a lo sumo,
          tendremos ramas suficientes.

VERONIQUE ¡¿Estás diciendo que para construir esa bal-
          sa vamos a utilizar ramitas como esa?!

FELICIANO   Sí.

VERONIQUE   Ya estamos ante la típica «chalupa» española.

FELICIANO   No, una chalupa es más grande, yo digo una balsa…

GÜNTHER   Veronique lo que quiere decir es «chapuza»

VERONIQUE   Eso ¡chapuza! Esa rama no serviría ni para hacer una cesta…

FELICIANO   Una rama no, por supuesto… Pero atando varias entre sí, su resistencia se multiplica y se comportarán como si fueran troncos de la mejor madera. Por eso os digo que tendremos que esperar e ir reuniéndolas según vayan creciendo.

              (VERONIQUE *se tranquiliza un poco.*)

GÜNTHER   Y dices que tendríamos ramas suficientes en cosa de un año…

FELICIANO   Si…

GÜNTHER   ¿Y esta corriente, realmente es tan fuerte como para llevarnos a los tres en una balsa llena de cocos?

FELICIANO   Es un principio físico, Günther, la madera siempre flota y a las corrientes de agua les da igual lo que haya encima. Mira la rama como se aleja flotando… (FELICIANO *arroja la rama al agua. Satisfecho.*) ¿Lo ves? Y nuestra barca seguro que irá aún más deprisa… Estamos salvados. ¿Os dais cuenta? Esas ramas son a partir de ahora un tesoro para nosotros. Cada una de ellas es un paso más hacia nuestra libertad. Debemos cuidar cada una de ellas como si de nuestra propia vida se tratase.

GÜNTHER ¿Y por qué la tiras al agua, hombre?

FELICIANO Es verdad… Me cago en la leche…

(FELICIANO *se tira al mar y empieza a andar en dirección hacia donde se ha marchado la rama.*)

VERONIQUE ¡Vamos, vamos! ¡Antes de que se la lleve la corriente!

(FELICIANO *sale por el foro de la derecha,* GÜNTHER *y* VERONIQUE *lo observan cómo se aleja.*)

GÜNTHER ¡Deprisa Feliciano! ¡Que ya casi la alcanzas…! ¡Un poco más, un poco más!

VERONIQUE ¡Feliciano más rápido!

GÜNTHER Oye, qué bien nada… Está en plena forma el tío…

VERONIQUE Él dice que es por la alimentación que tomamos…

GÜNTHER   Seguro que la alcanza… ¿Lo ves? Ya casi ha
            llegado…

VERONIQUE   Oye Gunchi, esas manchas negras que hay
            en esa ola ¿qué son?

GÜNTHER   ¿Qué manchas?

VERONIQUE   Allí… Van en dirección a Feliciano…

GÜNTHER   ¡¡Son tiburones!!

VERONIQUE   ¡¡¡Dios mío!!! ¡¡¡Feliciano!!! ¡¡¡Feliciano
            vuelve!!!

GÜNTHER   ¡¡¡Corre Feliciano!!!

VERONIQUE   ¡¡¡Feliciano!!! ¡¡Feliciano cuidado!!

GÜNTHER   ¡¡¡Feliciano que te alcanzan!!! ¡¡¡Vamos, va-
            mos!!! ¡¡¡Corre más hombre de Dios!!! ¡¡¡¿Es
            que no puedes ir más rápido?!!! ¡¡¡Corre
            hombre!!! ¡¡¡Más, más, más!!!

VERONIQUE   ¡Günther deberías hacer algo!

GÜNTHER   (Confundido por la pregunta.) ¿Yo? (Agobia-
            da, VERONIQUE ve los cocos que dejó FELICIA-
            NO y coge uno.) ¿Qué haces?

VERONIQUE   ¡Tirarles cocos a los tiburones!

(VERONIQUE *tira un coco que desaparece por el lado del escenario.*)

GÜNTHER ¡Le has dado a Feliciano!

VERONIQUE Ay que rabia…

GÜNTHER ¡Se está hundiendo!

VERONIQUE ¡No! ¡No, por favor! (*Ambos miran angustiados, son instantes de expectación.*) Parece que se recupera… ¿no?

GÜNTHER Si… Ya vuelve a nadar…

VERONIQUE ¡¡¡Feliciano que te alcanzan!!!

GÜNTHER ¡Un poco más, un poco más!

VERONIQUE ¡Ya está aquí! ¡Ya está aquí!

(*Aparece* FELICIANO *caminando agotado. Llega hasta ellos y habla tras recuperar el resuello.*)

FELICIANO Qué barbaridad… Estaban ya rodeándome… En mi vida había nadado tan rápido...

(FELICIANO *casi no puede hablar.*)

VERONIQUE ¿Estás bien?

FELICIANO Sí, sí… Solo un poco aturdido… Uno de los tiburones me ha dado un golpe en la cabeza…

(*Pensativo.*) No se… Quizá quería aturdirme antes de atacarme…

(GÜNTHER *hace un gesto a* VERONIQUE *para que no le diga nada de lo del coco.*)

Oscuro.

Paso de tiempo. Una gran aleta de tiburón cruza el mar de lado a lado del escenario con un cartel en el que podemos leer: «Meses después» GÜNTHER *está amontonando unos cocos mientras* VERONIQUE *acaba de atar un manojo de ramas que hay junto a la balsa en construcción que hay a su lado.*

VERONIQUE   Hasta dentro de un par de semanas no habrá más ramas…

GÜNTHER   Un año para hacer una balsa… Qué barbaridad… Pero hay que respetar el ciclo de la naturaleza, no queda otra. Me gustaría ver aquí a los ecologistas…

VERONIQUE   ¿Cómo vamos con la comida? ¿Habrá suficiente para la travesía?

GÜNTHER   Debemos acumular toda la que podamos… No podemos seguir comiendo tantos cocos y tanto pescado… Me temo que vamos a tener que aplicar un plan de austeridad.

             (VERONIQUE *se acerca a* GÜNTHER *y le sonríe sinuosa mientras se aproxima a su oreja.*)

VERONIQUE Hablando de austeridad… Hace mucho que no vienes a verme a mi choza Gunchi… (GÜNTHER *carraspea incómodo.*) Si no vienes pensaré que ya no me quieres…

GÜNTHER No, no… eso sí que no… (*Entra* FELICIANO, *trae unos cuantos peces pinchados en un palo y varios cocos. Llega hasta donde está* GÜNTHER *y le entrega los víveres.*) Vaya, hoy se ha dado bien.

FELICIANO Bueno, no ha estado mal… Son cuatro lenguados y tres cocos…

(GÜNTHER *los recoge y los guarda y le da un pez a* FELICIANO.)

GÜNTHER Aquí tienes.

FELICIANO ¿Un lenguado? Mi sueldo son dos peces y dos cocos al día.

GÜNTHER Los sueldos han bajado.

FELICIANO ¡Cómo que han bajado los sueldos! No me jodas…

GÜNTHER Cuidemos el lenguaje Feliciano… No estamos en un tenderete.

FELICIANO Pero si esto ni siquiera es un tenderete.

GÜNTHER   Da igual donde estemos, lo importante es quiénes somos.

(FELICIANO *resopla enfadado*.)

FELICIANO   Esto es increíble… (*A* VERONIQUE.) ¿Lo estás oyendo? Me dice que ha bajado los sueldos…

GÜNTHER   He hecho cálculos y necesitamos rebajarnos el sueldo o de lo contario no tendremos comida suficiente para la travesía. Hay que suprimir dos cocos por persona al día.

FELICIANO   Pero dos cocos es lo que yo gano… Si me los quitas me quedo sin cocos.

GÜNTHER   Pero no sin alimento. Pues en compensación tendrás un pez más…

FELICIANO   Eso será si lo pesco…

GÜNTHER   Si lo pescas, claro.

FELICIANO   ¿Y vosotros?

GÜNTHER   Igual que tú, naturalmente: dos cocos menos por persona. Los recortes son para todos.

FELICIANO   Pero es que vosotros ganáis tres cocos al día… Os seguirá quedando uno a cada uno.

GÜNTHER   Bueno, sí… Se da esa circunstancia…

FELICIANO   ¡Pero si el que sube a las palmeras a por lo
             cocos soy yo! ¿¡Cómo voy a ser yo el que se
             quede sin ellos?!

GÜNTHER   ¿Qué clase de argumentos son esos? Subir a
             las palmeras es el trabajo que aportas a esta
             comunidad porque eres el único que sabe tre-
             par, igual que pescas tú porque eres el único
             que sabe hacer trampas para peces. Pero eso
             no significa que aquí trabajes solo tú. Veroni-
             que colabora aportando criterios de gestión y
             yo lo hago implementando fórmulas para la
             administración de los bienes que generamos…
             Aquí trabajamos los tres y cobramos cada uno
             un sueldo por ello. Y te recuerdo que los suel-
             dos se decidieron democráticamente.

FELICIANO   ¡Con mi voto en contra!

VERONIQUE   Así es, pero formamos una comunidad demo-
             crática de tres miembros, y basta con que dos
             miembros voten una propuesta para que se
             obtenga una mayoría.

FELICIANO   ¿Y por qué tengo la impresión de que soy el
             que más trabaja y el que menos gana?

VERONIQUE   Tu solo: «Lo mío, lo mío, lo mío… y nada
             más que lo mío…» Te voy a decir una cosa
             Feliciano: cuando se fundó la Unión Euro-
             pea no se hizo con ese espíritu.

GÜNTHER   ¿O es que preferirías estar tú sólo al otro lado de la isla comiéndote allí tus cocos y tus peces? Separado como un animal... De espaldas a la civilización. ¿Es eso lo que quieres Feliciano? Toma, llévate los cocos y los peces...Tómalos, tómalos todos... Veronique y yo seguiremos formando un núcleo social, mientras que tú inicias una deriva de aislamiento que sólo puede llevarte al bestialismo...

FELICIANO   No, no... si no es eso... Pero es que ser yo el que trae los cocos y no tener derecho a ninguno...

GÜNTHER   Reconozco que es un poco duro...

FELICIANO   ¿Por qué no repartimos los vuestros entre los tres?

GÜNTHER   Podría ser... Pero... (*Se lo piensa.*) ¿Esa propuesta no suena también un poco comunista?

VERONIQUE   Sin duda.

GÜNTHER   Entonces no puede ser, Feliciano.

VERONIQUE   Propongo una moción para que se añada un coco a la semana al sueldo de Feliciano. Si lo parte, podrá comer un poco de coco al día... Creo que es algo bastante razonable. ¿Votos a favor? (*Los tres levantan el brazo.*) ¿Lo ves? Así es la democracia Feliciano, a veces se pierde, pero también se gana...

FELICIANO   (*Con aire resignado.*) Como en el futbol…

(VERONIQUE *se marcha hacia la playa.*)

VERONIQUE   En fin… Voy a echar un vistazo a las trampas de los peces… No es mi trabajo… (*A* FELICIANO, *con retintín.*) Pero quiero demostrar que las cosas también se pueden hacer desinteresadamente…

(VERONIQUE *se aleja caminando por la orilla hasta perderse por detrás de la isla. Una vez a solas,* GÜNTHER, *se acerca a* FELICIANO *con cierta incomodidad, es evidente que está un poco tenso.*)

GÜNTHER   Eh… Feliciano…

FELICIANO   ¿Sí?

GÜNTHER   Yo… Me gustaría… Quiero decir… Me pregunto si… Sí podemos hablar con franqueza… Como dos camaradas… Dos amigos…

FELICIANO   Sí, supongo que sí, aunque no ganemos lo mismo.

GÜNTHER   Bueno, eso es algo coyuntural… Mañana te especializas en otro tipo de trabajo y te ves ganando el doble…

FELICIANO   Ya…

GÜNTHER De hecho… Es muy posible que estés muy cerca de conseguirlo. (FELICIANO *lo mira con curiosidad.*) Yo… Necesito… Necesito tu ayuda…

(GÜNTHER *no se atreve a hablar.*)

FELICIANO Tú dirás…

GÜNTHER Antes de decirte nada quiero tener la certeza de que cuento con tu discreción más absoluta.

FELICIANO Por supuesto.

GÜNTHER Veras… El caso es que… Cuando saltamos del avión… Yo llevaba en el bolsillo una caja con algunas pastillas para…

(*Dice algo ininteligible.*)

FELICIANO ¿Qué?

GÜNTHER Unas pastillas para…

(*Repite un sonido similar.*)

FELICIANO Lo siento pero si no lo dices más despacio, no…

GÜNTHER ¡Para la impotencia! ¡Unas pastillas para la impotencia! ¿Vale?

FELICIANO   Ah… Pastillas de esas para… Ah… O sea que te tomas pastillas de esas cuando vas a ver a Veronique… Ahora entiendo tanta efusión…

GÜNTHER   Las tomaba.

FELICIANO   ¿Ya no las tomas?

GÜNTHER   No.

FELICIANO   Claro, por eso ahora hay tanta calma por las noches… Pues mira, te lo agradezco porque lo de antes era un escándalo. Se ve que sin pastillas te lo tomas con más calma…

GÜNTHER   No, sin pastillas no es que me lo tome con más calma, es que no puedo hacer nada y las malditas pastillas se me han acabado. La situación es dramática… Trágica. Veronique está acostumbrada a una intensidad sexual por mi parte que ya no estoy en condiciones de darle. Pero por otra parte, ¿quién soy yo para condenar a Veronique a que renuncie a satisfacer una necesidad tan fundamental? Ella está en la flor de la vida. Rebosante de salud y lozanía…

FELICIANO   Ya lo he visto, ya…

GÜNTHER   Y aquí los días son muy largos… con esta temperatura tan tórrida… los cuerpos siempre sudorosos… Se diría que estamos en un estado de lubricidad permanente…

(FELICIANO, *al que el tema toca muy personal-
mente, asiente conteniendo la emoción como
puede.*)

FELICIANO   Si yo te contara…

GÜNTHER   Somos como calderas a punto de explotar. Y
si no se alivia esa pulsión sexual… La tensión se acumula, el carácter cambia, la persona se empieza a hacer obsesiva… empiezan a surgir ideas absurdas en su cabeza…
(FELICIANO *sigue asintiendo cada vez con más
determinación.*) El entendimiento se enturbia
más y más hasta que, finalmente, la persona
deja de comportarse de un modo racional.

FELICIANO   (*A punto de llorar.*) Si supieras las cosas que
he hecho… Allí, en la parte de atrás…

GÜNTHER   Y yo no voy consentir que Veronique pase
por eso. Y ahí es donde intervienes tú.

(FELICIANO *piensa deprisa y empieza a sacar
conclusiones.*)

FELICIANO   No me digas que quieres que yo… Que yo…
Oye, ¿de verdad pretendes que yo?... ¡Claro!
¡Esa es la solución! (FELICIANO *está entusias-
mado.*) Es una idea muy audaz, Günther. Pero
muy… muy valiente. Y requiere de amplitud
de miras y de un sentido de la moral muy
avanzado… Y por cierto, demuestra también
mucha generosidad por tu parte. Para mí es

algo sorprendente, lo confieso, pero… si mi colaboración va a servir para que la vida de Veronique mejore… ¿Ella lo sabe ya?

GÜNTHER ¿¡Pero qué coño estás pensando?!

FELICIANO Hombre… No sé… Estás diciendo que tú sólo funcionas con las pastillas y las pastillas se te han acabado, y me dices que necesitas mi ayuda, pues yo supongo que quieres que sea yo el que…

GÜNTHER ¡No seas imbécil! ¡Quítate esa idea de la cabeza ahora mismo!

FELICIANO Oye que es sólo una suposición, eh. Y te recuerdo que ni siquiera he dicho que sí. De hecho, mira, te voy a ser sincero, estaba incluso un poco escandalizado con esta propuesta y buscando la manera de decirte que no, esa es la verdad.

GÜNTHER Pues ahórrate ese trabajo. Lo que intentaba decirte es que quiero que busques entre las plantas que hay en esta isla alguna que me ayude a resolver mi problema.

FELICIANO ¿Pero qué dices? No hay ninguna hierba que consiga ese efecto.

GÜNTHER Cómo que no. En estos meses has hecho infinidad de potingues… Tienes solución para todo, urticaria, dolor de cabeza, reuma, insomnio, torceduras, picaduras de insectos, indigestión… No hay problema que hayamos tenido en esta isla para que el que no hayas encontrado una solución; pues bien, yo ahora tengo este.

FELICIANO   Günther creo que estas enfocando mal este asunto. Mi consejo es que te olvides de las plantas y busques otras alternativas.

GÜNTHER   No las hay.

FELICIANO   Por supuesto que las hay… La imaginación es muy poderosa. Ahí, en la mente, tenemos el mejor afrodisíaco. Cuando estés con Veronique… piensa que estás con otra… Otro cuerpo, otra piel…

GÜNTHER   ¿Tú has visto bien a Veronique? ¿La has visto cuando se baña?

FELICIANO   (*Suspira.*) Si…

GÜNTHER   Si tuvieras que hacerle el amor, ¿necesitarías pensar que estás con otra?

FELICIANO   (*Rendido.*) Bien sabe dios que no.

GÜNTHER   No es un problema de rutina ni de falta de imaginación. He probado todas las técnicas, mentalización, respiración, relajación, disfraces, canciones… Y lo único que me ha funcionado son las pastillas, así que necesito algo parecido.

FELICIANO   ¿De verdad crees que puedo encontrar una solución para la impotencia en la isla?

GÜNTHER   No es que puedas, es que lo vas a hacer.

FELICIANO   Günther, créeme, no hay ninguna planta que sirva para eso.

GÜNTHER   No me dejes tirado Feliciano. No me dejes tirado. O te juro que cuando nos rescaten y regresemos a la civilización te hundo.

FELICIANO   ¿Me estás amenazando? Es ridículo… ¿Con qué?

GÜNTHER   Dispongo de una fortuna de cientos de millones de euros y miles de empleados. Si no me ayudas lo dedicaré todo, absolutamente todo, solo a joderte. (FELICIANO *traga saliva*.) Pero ese mismo poder lo puedo emplear para hacer que tu empresa de GPS se convierta en una de las más importantes de Europa.

FELICIANO   ¿Pondrías mis GPS en todos los coches de Alemania?

GÜNTHER   En los alemanes jamás, pero en los del resto de los países sí. (FELICIANO *suspira pensativo*.) Tú decides… La gloria o la destrucción total.

FELICIANO   Pero ¿y si resulta que en esta isla no hay nada que sirva para lo que tú necesitas?

Günther   Eso no es una opción.

Oscuro.

*No vemos a nadie en la isla. A los pocos ins-
tantes aparece* FELICIANO *proveniente de detrás
de las rocas del fondo del escenario. Se acerca
sigiloso hasta la tienda en la que duerme* GÜN-
THER *y empieza a chistar.*

FELICIANO   (*Sigiloso.*) ¡Ssshhh!... ¡¡Günther!!...
¡Ssshhh!... ¡Sssshh!... ¡¡Günther!!

(GÜNTHER *sale de la tienda.*)

GÜNTHER   Alejémonos de aquí. No quiero que se despierte Veronique. (*Ambos hombres caminan
hacia el otro lado de la isla.*) Llevo dos semanas acostándome cuando ya se ha dormido
y levantándome antes de que se despierte…
No sé cuánto tiempo más voy a poder seguir
así Feliciano…

FELICIANO   Creo que he encontrado algo que podría
funcionar.

GÜNTHER   ¿¡Estás seguro!?

FELICIANO   La verdad es que no, pero cabe una posibilidad…

GÜNTHER (*Exultante de felicidad.*) ¡¡Lo sabía!! ¡¡Sabía que me ibas sacar de este lío!! De momento te aseguro que te voy a subir el sueldo a tres cocos diarios… y en cuanto volvamos a la civilización ya puedes empezar a fabricar GPS en masa…

FELICIANO Bueno… Primero vamos a ver qué tal funciona esto…

GÜNTHER Esto funciona seguro, Feliciano: eres un genio… ¡Un alquimista, un visionario! ¿Qué es? ¿Una planta? ¿Una raíz?

FELICIANO No.

GÜNTHER ¿La corteza de un árbol?

FELICIANO No.

(GÜNTHER *lo mira interrogante.*)

GÜNTHER Entonces, ¿qué es? ¿Un pez?

FELICIANO Tampoco. Lo tengo aquí, envuelto en esta hoja…

GÜNTHER (*Lo mira extrañado.*) ¿Qué es eso? Es una especie de polvo negro y brillante…

FELICIANO Sí.

GÜNTHER ¿Pero de donde ha salido, qué es?

FELICIANO   Antes de decirte lo que es, quiero que sepas
            que sería un auténtico milagro que esto fue-
            ra lo que yo espero que sea, y no solo eso,
            sino que sería otro milagro que realmente
            funcionase como dicen que funciona. Pero
            te has empeñado tanto en que te ayude que…

GÜNTHER   Pero qué demonios es esto Feliciano, me es-
            tás poniendo nervioso. ¡¿Qué coño son estos
            polvos?!

FELICIANO   Pues veras… Resulta que después de estar
            más de dos semanas dando vueltas por la
            isla buscando algo que sirviera para resol-
            ver tu problema, me doy cuenta de que uno
            de los insectos que más abunda en este lu-
            gar es sorprendentemente parecido a la mos-
            ca cantárida.

GÜNTHER   ¿La mosca qué?

FELICIANO   ¿No has oído hablar nunca de la mosca can-
            tárida?

GÜNTHER   En mi vida.

FELICIANO   La mosca cantárida, también conocida como
            mosca española, era un afrodisíaco legenda-
            rio que se estuvo utilizando hasta el siglo XVII.
            El único afrodisiaco que ha habido en la his-
            toria que al parecer de verdad funcionaba.

GÜNTHER   ¿De verdad?

FELICIANO   Está en los libros…

GÜNTHER   ¿Y qué es lo que hacían con esa mosca?

FELICIANO   Se machacaba hasta convertirla en polvo.

GÜNTHER   (*Asombrado.*) ¿Y este polvo es una mosca?

FELICIANO   Sí, bueno no una mosca sola, aquí hay una docena de ellas.

GÜNTHER   ¿Y qué hay que hacer con esto?

FELICIANO   Tomárselo.

GÜNTHER   ¿Pretendes que me coma un montón de moscas machacadas?

FELICIANO   Es la única solución Günther.

GÜNTHER   ¡Es asqueroso!

FELICIANO   No digo que sea agradable, pero creo que deberías considerarte afortunado de que en esta isla tan diminuta, perdida en medio del océano tengamos este tipo de insecto. Y eso confiando en que sean moscas cantáridas.

GÜNTHER   ¿Pero son o no son? Me estas volviendo loco Feliciano… Ahora ni siquiera sabes si estas moscas son las que tú dices.

FELICIANO   Yo juraría que sí lo son, pero no soy entomólogo.

GÜNTHER   O sea que también podrían ser moscas normales. ¿No?

FELICIANO   Sí.

GÜNTHER   De las que comen mierda, vamos...

FELICIANO   Podrían ser, pero el color de estas era muy diferente y también la forma... Juraría que estas no eran moscas comunes... Estas moscas son distintas...

GÜNTHER   Ya, ¿y qué comen estas moscas tuyas? ¿Eh? Porque una mosca es una mosca...

FELICIANO   Que no, de verdad créeme... Estas son moscas de otra especie... y además estas moscas solo se han posado en los cocoteros de la isla, en flores, en arbustos... No tienen nada que ver con las otras, te lo aseguro.

(GÜNTHER *mira la hoja que* FELICIANO *tiene en la palma de la mano.*)

GÜNTHER   ¿Y dices que esto va a funcionar?

FELICIANO   Durante siglos la mosca cantárida fue la única solución para la impotencia. Se consideraba la panacea. Pero en aquellos tiempos había mucho charlatán, eso también es verdad.

GÜNTHER   O sea que no estás seguro ni de que sea la mosca ni de que funcione.

FELICIANO   No. No lo estoy. Pero de lo que sí estoy seguro, es de que en esta isla no hay plantas, ni raíces, ni hierbas, ni nada que pueda curar la impotencia. Si hay alguna solución para tu problema es esta.

(GÜNTHER *se acerca la hoja que tiene* FELICIANO *en la mano a la nariz y huele los polvos.*)

GÜNTHER   Agg… Como huele…

FELICIANO   No te fijes en eso. Échate un poquito en la palma de la mano y te lo comes sin pensar… (GÜNTHER *no acaba de decidirse.*) Dicen que Fernando el Católico lo utilizaba a menudo…

GÜNTHER   Vaya… Y eso que era Católico…

FELICIANO   Pues sí… (GÜNTHER *se lo sigue pensando.*) Y el mismísimo marqués de Sade era también usuario habitual…

GÜNTHER   ¿Ah sí? (*Estas referencias empiezan a convencer un poco más a* GÜNTHER.) Mmm… El marqués de Sade, es el marqués de Sade…

(GÜNTHER *coge un poco y se lo echa en la palma de la mano.*)

FELICIANO   Y al parecer también lo usaba Casanova…

GÜNTHER ¡Casanova también! ¿Y por qué no me lo has dicho antes?

FELICIANO Hombre, te lo digo según me voy acordando…

GÜNTHER Creo que voy a coger un poco más… ¿Cuánto hay que tomar exactamente?

FELICIANO Pues no lo sé…

GÜNTHER A ver, ¿cuantas moscas tendré ahora aquí en mi mano…?

FELICIANO No se… Una, diría yo...

GÜNTHER ¿Una? Una y nada es lo mismo. Mejor me como dos ¿no?

FELICIANO No sé… Como quieras… (GÜNTHER *coge otro poco y se lo echa en la mano.*) Ahí van ya por lo menos cuatro moscas…

GÜNTHER ¿Sí? ¿Quito un poco?

FELICIANO No sé…

GÜNTHER Pero si quito, puede que no me haga efecto…

FELICIANO Eso tampoco lo sabemos.

GÜNTHER Vaya. No sabemos si la mosca es la que tiene que ser, no sabemos si funciona y tampoco sabemos la dosis, menudo desastre… Mira, vamos a hacer una cosa. Me lo voy a ir tomando poco a poco y si noto cualquier cosa me meto los dedos y vomito rápidamente.

FELICIANO   Me parece razonable. (FELICIANO *coge un pellizco de lo que tiene en la mano y se lo echa a la boca. Los dos hombres se miran.*) ¿Qué?

GÜNTHER   Nada.

(GÜNTHER *se echa otro poco en la boca. De nuevo la espera.*)

FELICIANO   ¿Algo de picor? ¿Malestar?

(GÜNTHER *niega con la cabeza y se echa otro poco en la boca. Ambos hombres se miran expectantes. Pasados unos instantes* GÜNTHER *suspira contrariado.*)

GÜNTHER   Esto no funciona.

FELICIANO   Espera un poco hombre…

GÜNTHER   Te digo que no funciona.

FELICIANO   Tienes que digerirlo, la sustancia tiene que llegar a la sangre…

GÜNTHER   Con mis pastillas ya estaría sintiendo algo… Un hormigueo o un calorcillo… Pero con esto estoy exactamente igual.

FELICIANO   Tómate un poco más, a ver...

(GÜNTHER *coge otro pellizco de los polvos y se lo toma.*)

GÜNTHER   ¿Cuantas moscas llevo ya?

(FELICIANO *se mira la mano.*)

FELICIANO   Te has comido como unas diez...

GÜNTHER   Y nada.

FELICIANO   Ya te he dicho que a lo mejor no eran moscas cantáridas.

GÜNTHER   O sea que eran de las otras... de las que comen mierda.

(FELICIANO *lo mira con gesto pesaroso.*)

FELICIANO   Lo siento.

(GÜNTHER *lo mira con enorme furia contenida, pero antes de que pueda hacer o decir nada se detiene súbitamente.*)

GÜNTHER   ¡Espera! ¡Parece que noto algo!

FELICIANO   ¿Sí?

GÜNTHER   Si... Una especie de hormigueo... Justo aqui...
Alrededor de las ingles... Se va acercando...

Se va acercando… (FELICIANO y GÜNTHER *mi-ran ansiosos hacia la entrepierna de este último.*) ¡Sí! ¡Sí! ¡¡Funciona!! ¡¡Funciona!! (*Los dos hombres se abrazan aunque* FELICIANO *se separa rápidamente pues la dureza de la entrepierna de* GÜNTHER *le resulta incómoda.* GÜNTHER *lo sujeta por los hombros y lo mira con gesto emocionado.*) Feliciano. Gracias, muchas gracias. Y ahora, si me disculpas… (GÜNTHER *deja a* FELICIANO *y se encamina con rapidez hacia la choza en la que está durmiendo* VERONIQUE.) ¡Veronique! ¡Veronique! ¡Soy yo!

(FELICIANO *se queda solo, y tras suspirar con tristeza se gira y se dirige hacia su choza. Un terrible grito proveniente de la choza sobresalta a* FELICIANO.)

VERONIQUE ¡¡¡Ahhhh!!! ¡¡¡¿Pero Gunchi que es eso?!!!

(FELICIANO *acude rápido hacia la choza.*)

FELICIANO ¿¡Qué pasa!? (FELICIANO *se asoma al interior. Voz en off.*) ¡Dios mío!

GÜNTHER (*Voz en off.*) ¡¿Qué me está pasando Feliciano?! ¿¡Que me está pasando!? (FELICIANO *se mete en la tienda.*) ¿¡Pero cómo puede hincharse algo tanto!?

FELICIANO (*Voz en off.*) Tranquilízate Günther, esto tiene que bajar.

GÜNTHER   (*Voz en off.*) ¡¡¡¿Cuándo?!!! ¡¡¡¿Cuando va a bajar esto?!!!

FELICIANO (*Voz en off.*) ¡Mueve las piernas, mueve las piernas y los brazos, que la sangre circule…!

GÜNTHER   (*Voz en off.*) ¡Pero si no me puedo mover!

FELICIANO (*Voz en off.*) ¡¡Tienes que moverte Günther, muévete!!

GÜNTHER   (*Voz en off.*) ¡Que no puedo!

FELICIANO (*Voz en off.*) ¡Veronique, ayúdame tú, cógele los brazos y yo las piernas y las movemos así como si estuviese haciendo gimnasia! ¡Uno dos… Uno dos…!

GÜNTHER   (*Voz en off.*) ¡Ahhhhh…! ¡Ahhhhh…!

FELICIANO (*Voz en off.*) Así, muy bien… Uno dos… Uno dos…

GÜNTHER   (*Voz en off.*) ¡Ahhhh…! ¡Ahhhh…!

FELICIANO (*Voz en off.*) Uno dos… Uno dos…

Oscuro.

La aleta de tiburón atraviesa de nuevo al escenario con un cartel en el que podemos leer: «dos meses después». En la playa vemos ahora la balsa ya terminada. En ella hay una pirámide de cocos. Los tres habitantes de la isla están un poco más allá mirando con melancolía el entorno.

GÜNTHER   Bien amigos… Llegó el día. Hoy por fin diremos adiós a nuestro cautiverio…

VERONIQUE   Feliciano, ¿tú estás seguro de que la corriente esa nos llevará hasta la costa?

FELICIANO   Ya os lo dije, no sé si nos va llevar hasta la costa pero os aseguro que nos alejará de aquí centenares de kilómetros…

VERONIQUE   ¿Y si sólo nos alejamos y no llegamos a ningún sitio? ¿Cómo vamos a volver?

FELICIANO   Bueno… Igual que hay una corriente que va a lo mejor hay otra que vuelve…

VERONIQUE   No, ¿verdad…?

FELICIANO   No, creo que no. Esto es un viaje sin retorno Veronique.

GÜNTHER   Pero indispensable. No podemos seguir aquí. Estamos perdidos en una isla que es una especie de agujero cartográfico indetectable para el mundo. Estoy seguro de que siguen buscándonos, en cuanto nos alejemos unos kilómetros entraremos en una zona cubierta por los satélites... El rescate será cuestión de horas. (*A* VERONIQUE.) ¿O es que prefieres seguir con el régimen de cocos y lenguados durante el resto de tu vida?

VERONIQUE   No, claro que no. Aunque la verdad estoy muy contenta con mi peso actual.

(GÜNTHER *mira a su alrededor y suspira con melancolía.*)

GÜNTHER   Veronique... Feliciano... Debo deciros que estoy muy orgulloso de haber compartido con vosotros esta experiencia. Creo que hemos dado un ejemplo de convivencia, de democracia y de igualdad.

FELICIANO   Yo... bueno... Me gustaría recordar que he seguido cobrando menos cocos que ninguno hasta hoy mismo.

GÜNTHER   ¿Otra vez vamos a discutir de los sueldos?

FELICIANO   Lo siento, perdonar… Pero habláis de igual-
               dad de una manera que… Pero tenéis razón…
               Hoy es un día de celebración y no estamos
               para discusiones.

GÜNTHER   Exacto. ¿Hemos recogido todas las cosas?
               Que nadie venga luego con que si ha olvida-
               do esto o aquello…

VERONIQUE   Todo preparado Gunchi.

GÜNTHER   Entonces ya solo queda subirnos a la balsa y
               partir…

FELICIANO   Un momento, voy a llenar de agua estos co-
               cos…

GÜNTHER   Hemos dicho que había que salir antes de
               que el sol estuviera en lo alto…

FELICIANO   No tardo nada… Es que lo he dejado para
               última hora para que el agua este fresquita…
               ¡Es un truco de los boys scouts!

               (FELICIANO *se marcha*. VERONIQUE *y* GÜN-
               THER *se quedan a solas*. GÜNTHER *se acerca a*
               VERONIQUE.)

GÜNTHER   Bueno… Dentro de muy poco estaremos en
               casa.

VERONIQUE   Sí.

GÜNTHER   (*Cambiando de tono.*) ¿Crees que podremos vernos de vez en cuando…? En algún hotel discreto…

VERONIQUE   No va a ser tan fácil Gunchi… Allí está tu mujer. La prensa estará siempre encima de nosotros… Creo que es mejor que dejemos las cosas como están.

GÜNTHER   Una lástima…

VERONIQUE   Bueno… Que no haya sexo entre nosotros no quiere decir que no tengamos una relación muy especial para siempre…

(*En ese momento aparece* FELICIANO *muy agitado sin casi poder respirar.*)

FELICIANO   ¡Rápido! ¡¡Venid!!

GÜNTHER
/VERONIQUE   ¿Pero qué pasa?

FELICIANO   ¡Venid tenéis que ver algo!

GÜNTHER
/VERONIQUE   ¿Qué? ¿Qué has visto?

FELICIANO   ¡Creo que no estamos solos en la isla!

GÜNTHER
/VERONIQUE   ¿¡Cómo!?

FELICIANO   ¡He encontrado restos humanos detrás de unas rocas! Llevan ahí algún tiempo, yo diría que más de un mes…

GÜNTHER   ¿Pero qué dices?

FELICIANO   ¡Que hemos estado conviviendo en la isla con alguien! Alguien que lleva espiándonos durante todo este tiempo ¿Os dais cuenta?

VERONIQUE   ¡No puede ser!

GÜNTHER   ¡Vamos a ver esos restos!

(GÜNTHER y VERONIQUE *se marchan rápidamente tras* FELICIANO *hacia el interior de la isla. Instantes después, oímos, un poco más fuerte, el ruido del oleaje y a continuación vemos como la balsa se va alejando poco a poco de la isla. Las olas continúan arrastrando la balsa hasta que finalmente desaparece por el foro del escenario. Poco después regresan los tres.*)

FELICIANO   (*Muy atribulado.*) Lo siento, lo siento… Como tenemos las letrinas en la otra parte de la isla pensé que esto sería de otra persona.

GÜNTHER   Pues no… Fui yo, que tuve una urgencia… (*Confidencial a* FELICIANO.) Fue por culpa de las malditas moscas que me diste. Estuve una semana descompuesto. Los apretones me sorprendían en cualquier parte de la isla…

VERONIQUE   Esto ha sido muy desagradable Feliciano…

FELICIANO   Lo siento, lo siento… No quería alarmaros…

VERONIQUE   Vaya una forma de despedirnos de la isla…

GÜNTHER   Olvidemos el asunto y vamos a la balsa. (*Los
                 tres se quedan petrificados al ver sólo una de las
                 balsas.*) ¿Y la balsa? ¡¡Dónde está la balsa!?

VERONIQUE   ¡Estaba aquí!

                 (FELICIANO *recorre la isla de cabo a rabo.*)

FELICIANO   ¡Tenía que estar aquí!

GÜNTHER   Se la ha llevado el agua… ¡Se la ha llevado
                 la maldita corriente!

                 (*Los tres miran desesperados hacia el hori-
                 zonte.*)

VERONIQUE   Ni siquiera se la ve…

GÜNTHER   ¡Nos hemos quedado sin balsa! ¡Hemos per-
                 dido la balsa! ¡¡¡Sin balsa y sin comida no
                 podremos salir de aquí jamás!!!

LOS TRES   ¡¡¡¡Nooooo!!!! ¡¡¡¡Nooooo!!!! ¡¡¡¡Nooooo!!!!

                 (*Tras la desesperación llega al abatimiento. Los
                 tres se quedan sumidos en el abismo de la des-
                 esperanza. Así pasan unos largos instantes.
                 Hasta que* GÜNTHER *hace un comentario.*)

GÜNTHER   Todo ha sido por culpa tuya Feliciano…

FELICIANO   Os recuerdo que si hemos tenido la posibi-
             lidad de salir de esta isla ha sido gracias a mí.
             Yo he sido el autor de todo.

GÜNTHER   Y tanto… Y ahora ni siquiera podemos vol-
             ver a hacer otra balsa porque este descere-
             brado ha utilizado las plantas enteras para
             acabar la balsa.

VERONIQUE   A quien se le ocurre… Arrancar las plantas
             que nos estaban dando las ramas con las que
             hacíamos la balsa.

FELICIANO   Fuisteis vosotros los que quisisteis que nos
             marcháramos antes.

GÜNTHER   No. Fuiste tú el que vino el otro día dicien-
             do que sí utilizábamos las plantas enteras nos
             podríamos ir dos meses antes, la propuesta
             fue tuya.

VERONIQUE   ¡¡Eh, mirar!! ¡¡Mirar, mirar allí!!

FELICIANO
/GÜNTHER   ¿Qué pasa?

VERONIQUE   Allí, entre las olas… ¿No lo veis?

GÜNTHER   Parece que hay algo…

FELICIANO   ¡Son restos del avión!

(Los tres siguen con gran atención algo que lleva la corriente, aunque está fuera de la escena.)

GÜNTHER   ¡Sí, son restos del avión!

FELICIANO   ¡¡Es un trozo del fuselaje! Pero puede haber más cosas mezcladas con los cables y las algas.

GÜNTHER   Han estado a la deriva todo este tiempo… ¡Rápido Feliciano, vete a por ello!

FELICIANO   ¿Yo? ¿Ya estamos?

GÜNTHER   Eres el que mejor nada…Yo no llegaría hasta allí… Y Veronique difícilmente podría arrastrar eso hasta aquí…

FELICIANO   Te recuerdo que por esa zona es por donde estaban los tiburones la otra vez…

GÜNTHER   Pero si no se ve ningún tiburón…

FELICIANO   Que no se les vea no significa que no estén…

GÜNTHER   Si hubiera alguno se le vería la aleta…

FELICIANO   Como que no saben ellos esconderla…

VERONIQUE   ¡La corriente se está llevando los restos!

(Los tres siguen mirando hacia donde están los restos.)

GÜNTHER   Cada vez están más lejos, los vamos a perder…

FELICIANO   (*Lamentándolo.*) Parece un trozo del fuselaje que había junto a la puerta… Allí estaba sentado yo…

VERONIQUE   Pues es una lástima perderlo porque junto a la puerta suelen estar los kits de supervivencia… Podría haber botes salvavidas auto hinchables, bengalas, repelente de tiburones, comida liofilizada… Lo necesario para sobrevivir en el mar una buena temporada. Y allí está todo… alejándose poco a poco…

(*Las palabras de* VERONIQUE *acaban de decidir a* FELICIANO.)

FELICIANO   Está bien… está bien… iré a buscarlos.

(FELICIANO *se introduce en el mar y va caminando entre el agua hasta que se tira para nadar justo cuando sale de nuestro campo de visión.*)

GÜNTHER   Hay que ver lo bien que nada este hombre…

VERONIQUE   ¡Animo Feliciano!

GÜNTHER   ¡Eso es! ¡Así! ¡Muy bien!

VERONIQUE   ¡Ya casi lo alcanzas…!

FELICIANO   (*Voz en off.*) ¡Lo tengo… lo tengo!

GÜNTHER   Oye… ¿Y esas manchas que vienen?

VERONIQUE   ¡¡Cuidado Feliciano!! ¡¡Los tiburones!!

GÜNTHER   ¡¡Vamos, vamos deprisa!! ¡¡Corre!! ¡¡Corre!!
             ¡¡Pero no sueltes los restos del fuselaje!! (VE-
             RONIQUE *corre hacia el otro lado de la playa,
             coge un par de cocos y regresa.*) ¿Qué haces?

VERONIQUE   ¡Voy a intentar espantar a los tiburones!

             (VERONIQUE *coge un coco y lo tira.*)

GÜNTHER   Vaya hombre otra vez le has dado a Feliciano.

VERONIQUE   ¡Ay que rabia!

GÜNTHER   ¿Pero tú de verdad apuntas a los tiburones?

VERONIQUE   ¡Mira! ¡Parece que se recupera!

GÜNTHER   ¡¡Vamos Feliciano que ya casi estás!!

VERONIQUE   ¡¡Vamos, vamos!!

             (*A los pocos instantes aparece* FELICIANO *tiran-
             do trabajosamente de una cuerda. Al extremo
             de la misma a varios metros de distancia aso-
             man un asiento de avión, un par de flotadores
             y un trozo del fuselaje, todo ello envuelto en ca-
             bles y algas.*)

FELICIANO ¡Ayudarme! (GÜNTHER y VERONIQUE *van junto a él y empiezan a tirar.*) Malditos tiburones... Han vuelto a darme un golpe en la cabeza... ¿pero qué les pasa? No quieren carne humana, prefieren hacer daño... Es rarísimo.

VERONIQUE (*Disimula incomoda.*) Vamos, vamos hay que seguir tirando...

(*Los restos llegan hasta ellos y empiezan a analizarlos.*)

FELICIANO Bah... Esto es un trozo de fuselaje lleno de algas y nada más... (*Enfadado.*) Ni kit de supervivencia ni nada que se le parezca... ¿Y para esto me he jugado yo la vida?

VERONIQUE Espera, hay más cables enganchados al fuselaje... (VERONIQUE *tira de ellos pero le cuesta.*) Creo que hay algo... (FELICIANO *la ayuda y poco a poco asoma una maleta.*) Parece una maleta...

FELICIANO Pe... ¡pero si es mi maleta! ¡¡Es mi maleta! ¡¡¡Mi maleta!!!

GÜNTHER (*Irónico.*) Mira qué suerte...

(FELICIANO *coge su maleta con gran alborozo.*)

FELICIANO ¡Ja, ja, ja...! Mi maleta...

(FELICIANO *intenta abrirla.*)

VERONIQUE Cómo debe estar lo de dentro después de tantos meses en el agua…

(FELICIANO *habla mientras sigue intentando abrir la maleta.*)

FELICIANO Tenía ropa… colonia…libros… algunas de esas cosas son bastante resistentes al agua… Y también… (*De repente se acuerda de algo y reacciona con enorme expectación.*) ¡Oh… Dios mío… Dios mío…!

GÜNTHER ¿Qué pasa?

VERONIQUE ¿Qué pasa Feliciano?

FELICIANO Que aquí guardé… que aquí estaba…

(FELICIANO *sigue luchando para abrir la maleta.*)

GÜNTHER ¿¡Qué!? ¡¿Qué?!

FELICIANO ¡Lo guardé aquí! ¡Lo guardé aquí!

VERONIQUE ¿¡Pero el qué!?

FELICIANO ¡El móvil! ¡Mi teléfono móvil!

(GÜNTHER y VERONIQUE *se quedan atónitos pero enseguida* GÜNTHER *reacciona.*)

GÜNTHER   Pero estará inservible, hombre, lleva más de un año en el agua…

FELICIANO   ¡Era resistente al agua! ¡Este era de los que se podían meter en el agua!

(GÜNTHER *cambia por completo de actitud.*)

GÜNTHER   ¿¡Y a qué esperas!? ¡Abre la maleta de una puñetera vez! (FELICIANO *por fin abre la maleta y empieza a rebuscar con denuedo. Con gran ansiedad.*) ¿¡Está!? ¿¡Está!?

VERONIQUE   (*Implora.*) Ay por favor dios mío… Que esté…

(*Tras unos instantes de angustiosa búsqueda* FELICIANO *lo encuentra.*)

FELICIANO   ¡¡¡Sí!!! (FELICIANO *lo coge entre las manos y lo mira con una mezcla de temor y admiración. Finalmente se decide a pulsar el botón de encendido ante la mirada expectante de* GÜNTHER *y* VERONIQUE. *Tras unos segundos, exclama.*) ¡¡Y le queda una rayita de batería!!

(*Los tres se quedan por unos instantes, paralizados ante este hecho.* GÜNTHER, *súbitamente, se abalanza sobre el móvil.*)

GÜNTHER   ¡¡Trae el móvil!!

FELICIANO   (*Se lo aparta.*) ¿Pero qué haces? ¡Estate quieto! ¡Deja el teléfono!

GÜNTHER   ¡Dame el móvil por favor! Tengo línea directa con un servicio de socorro alemán de acceso instantáneo… En cuanto hagamos la llamada lo cogerán, les diré quién soy, rastrearán la señal y esta misma noche dormiremos en una cama en el mejor hotel. ¡¡Dame el teléfono!!

(*Ambos forcejean.*)

FELICIANO   ¡Estate quieto! ¡Suelta el teléfono! Los españoles también tenemos servicio de socorro. ¿O qué te crees?

VERONIQUE   Dejadme llamar a mí, los servicios de socorro franceses son de una eficacia excepcional. Los perros de rescate suizos los adiestran en Francia, para que lo sepáis.

GÜNTHER   ¿Y para qué queremos unos perros suizos en medio del océano?

FELICIANO   Me da igual. Este rescate lo van hacer los servicios de socorro españoles, y no se hable más, entre otras cosas porque el teléfono es mío y llamo a quien me da la gana. Voy a llamar a los servicios de rescate de la guardia civil, ahora os vais a enterar de lo que es eficacia. (FELICIANO *se aleja unos pasos para hacer la llamada. Los otros aguardan en silencio. De repente se detiene.*) Hay un pequeño problema.

GÜNTHER
/VERONIQUE ¿Qué pasa?

FELICIANO Es que no me sé el número y tendré que llamar antes a información... Y mucho me temo
que la batería no va a dar para tanto...

VERONIQUE Vaya, yo también tendría que llamar a información...

GÜNTHER ¿Queréis darme el teléfono? Os lo he dicho
al principio. Dispongo de una línea de teléfono de ayuda inmediata que precisamente
por tratarse de una línea de socorro es una
línea directa y sin esperas, es de sentido co-
mún ¿no? (FELICIANO *le da al teléfono.*) Al fi-
nal, como siempre, somos los alemanes los
que tenemos que arreglarlo todo.

FELICIANO Si no te lo cogen a la primera, cuelga inmediatamente.

GÜNTHER Es un servicio de socorro alemán, por supuesto que lo van a coger a la primera, en
Alemania nadie se echa la siesta. (FELICIA-
NO *le quita el teléfono antes de que* GÜNTHER
haga nada con él.) ¿Qué haces, por qué me
lo quitas?

VERONIQUE ¡Dale el teléfono por dios!

FELICIANO ¡Que sí! ¡Que sí, que se lo voy a dar!... ¡Pero
es que el teléfono tiene muy poca batería y
tenemos que cuidarla!

GÜNTHER   Te estoy diciendo que solo necesitó estable-
           cer contacto. Nada más. Solo necesitamos
           que nos cojan la llamada. ¡¿Crees que me voy
           a poner a charlar como una cotorra?!

FELICIANO Escuchadme: el teléfono consume mucha
           energía mientras busca la señal y por lo tan-
           to solo podemos hacer esa llamada cuando
           tengamos la seguridad de que estamos en una
           zona de cobertura... O de lo contrario ha-
           bremos gastado la batería antes incluso de
           marcar el número. ¿Entendéis el problema?
           No es que la conversación vaya a durar poco
           o mucho. Es que si el teléfono tarda en en-
           contrar la señal, ni siquiera habrá conversa-
           ción. (GÜNTHER y VERONIQUE *se quedan calla-
           dos al fin.*) De momento he apagado el telé-
           fono... Ahora vamos a buscar alguna zona
           en la que nos parezca que pueda haber una
           buena recepción... Lo encenderé un instan-
           te y si el teléfono la detecta, haremos esa lla-
           mada de inmediato... Günther, tú me can-
           tas el número, lo marco y te paso el teléfono
           inmediatamente.

VERONIQUE ¿Y si cuando lo enciendas no hay cobertura?

FELICIANO Apagaré el teléfono rápidamente y buscare-
           mos por otra zona...

GÜNTHER   Pero cada vez que enciendas el teléfono y se
           ponga a buscar estará gastando batería...

FELICIANO   Así es… Me temo que solo tendremos dos o tres intentos a lo sumo…

VERONIQUE   (*Ahoga un lamento.*) ¡Oh!

GÜNTHER   Ya puedes hacerlo bien Feliciano.

(FELICIANO *asiente no muy seguro y empieza a mirar alrededor.*)

FELICIANO   Lo principal es que no haya nada que dificulte la percepción de la señal y que sea un sitio alto… (FELICIANO *empieza a pasear por la playa. Finalmente se dirige hacia un sitio en el que hay una roca y se sube a ella.*) Vamos a probar aquí…

VERONIQUE   Sube con cuidado… No te caigas, y vayas a romper el teléfono.

FELICIANO   Ahora sube tu Günther. No te separes de mí. (GÜNTHER *sube a la roca.*) Todo tiene que ser muy rápido, ¿de acuerdo? (VERONIQUE y GÜNTHER *asienten. Se les nota muy tensos.*) Un momento, vamos a bajar. Abajo, abajo…

(FELICIANO *se baja de la roca y* GÜNTHER *también.*)

GÜNTHER
/VERONIQUE   ¡¿Pero qué pasa ahora?!

FELICIANO   Mejor vamos a hacer un ensayo antes…

GÜNTHER   ¿Un ensayo? ¿Pero qué es esto? ¿Un musical?

FELICIANO   ¿No entiendes que no podemos correr ries-
                 gos? Tenemos que asegurarnos de que esta-
                 mos coordinados y la acción es ágil y eficaz…
                 Cuando encendamos el teléfono todo tiene
                 que ser perfecto.

VERONIQUE   Tiene razón Feliciano. Hay que ensayar todo
                 lo que haga falta. El más mínimo error nos
                 condenaría a quedarnos en esta isla para
                 siempre.

GÜNTHER   Está bien, ensayemos…

                 (FELICIANO *se sube a la roca y* GÜNTHER *lo hace
                 a continuación.*)

FELICIANO   Subimos a la roca… Enciendo el móvil…

VERONIQUE   (*Desesperada.*) ¡¡¡No lo enciendas!!!

FELICIANO   Es un simulacro Veronique. No lo voy a en-
                 cender.

VERONIQUE   Lo siento, lo siento… Me han traicionado los
                 nervios.

FELICIANO   Continúo con el simulacro: he encendido
                 el móvil levanto el brazo y efectivamente
                 veo que hay señal. ¡El número, Günther de-
                 prisa!

GÜNTHER   (*Muy agobiado y muy rápido y atropellado.*)
           ¡Siete, cuatro, cinco, catorce… veinte… si…
           cin… cua…cua…! (GÜNTHER *tiene un colap-
           so mental. Absolutamente desesperado.*) ¡No
           me acuerdo! ¡No me acuerdo! ¡¡¡Se me ha
           olvidado!!! ¡¡¡Maldita sea!!!

VERONIQUE ¡Günther por favor! Pero si tú para los nú-
           meros eres buenísimo…

           (GÜNTHER *está desolado.*)

FELICIANO Tranquilo, Günther… Tranquilo que no es
           grave… Yo creo que lo que te pasa es que has
           sufrido un bloqueo por la tensión del mo-
           mento… Mira, recuerdo que la primera vez
           que presenté mi GPS en EEUU de repente me
           bloquee y era incapaz de hablar en inglés…

VERONIQUE Pero si tú no hablas inglés, Feliciano.

FELICIANO Era un relato imaginario… Estoy intentan-
           do que se relaje Veronique, así no me estas
           ayudando en absoluto.

VERONIQUE Es que dices unas cosas…

           (FELICIANO *se dirige a* GÜNTHER *que está muy
           hundido.*)

FELICIANO Vamos a ver Günther… Lo importante es
           que te tranquilices. Te aseguro que he esta-
           do en muchas situaciones apuradas y se cómo

salir de ellas. (*Mira desafiante a* VERONIQUE.) ¡Y eso sí que es cierto! (*A* GÜNTHER.) Respira hondo y olvídate de todo lo demás, actúa como si no te importase nada. Estas feliz Günther. ¡A ti todo te la refanfinfla!

GÜNTHER

(*Perplejo.*) ¿Cómo?

FELICIANO

Es una expresión española… Quiero decir que en estos momentos no te importa nada. Olvídate del teléfono, olvídate de la isla, del rescate… de nosotros… olvídate de todo… relájate… Respira hondo… Vamos… (GÜNTHER *respira.*) Así, muy bien… Y ahora, muy tranquilamente… Intenta recordar el número, pero no hace falta que lo digas en voz alta… Solo para ti y con tranquilidad, no tenemos ninguna prisa…

(GÜNTHER *lo hace y al poco tiempo los mira con gesto alegre.*)

GÜNTHER

¡Ya me acuerdo! ¡Sí! ¡Ya me acuerdo!

VERONIQUE

¡¡Bien!!

FELICIANO

¿Lo ves…? Ha sido la tensión del momento. Toma este trozo de madera y apunta el teléfono en esta tabla, así estaremos seguros de que tenemos el número. (GÜNTHER *lo apunta en una tabla que le ha dado* FELICIANO.) ¿Todo en orden?

VERONIQUE   ¿Está bien apuntado?

GÜNTHER   Sí. Aquí esta. No hay error posible.

FELICIANO   Perfecto, vamos ahora con un intento real. Veronique ten la tabla preparada…Voy a subir y en cuanto compruebe si hay cobertura me dais el numero… (FELICIANO *se sube de nuevo a la roca. Se crea un momento de gran expectación.* FELICIANO *entrena los distintos movimientos hasta que por fin se decide a actuar.*) ¡Estoy! ¡Enciendo el móvil!... ¡Buscando cobertura!… (*Mientras* FELICIANO *busca,* VERONIQUE *y* GÜNTHER *lo miran expectantes.*) Por aquí no… (FELICIANO *se pone de puntillas pero no logra nada.*) Por aquí tampoco… (*Finalmente lo apaga con un gesto rápido.*) ¡Maldita sea la señal de la batería ha empezado a parpadear! No queda casi nada…

VERONIQUE   ¡Oh!

GÜNTHER   ¡¿No hay para un intento más?!

FELICIANO   Puede que sí pero tendrá que ser muy, muy rápido… Tenemos que encontrar la cobertura enseguida y hacer la llamada a toda velocidad. Y para eso tendría que estar más alto… Mucho más alto que ahora… (FELICIANO *busca con la mirada a su alrededor.*) Ya sé lo que voy a hacer. (GÜNTHER *y* VERONIQUE *lo miran.*) Subiré a esa palmera… (*Los tres van hacia la palmera que está al fondo y una vez allí*

FELICIANO *les va explicando.*) Ayudadme, voy a apoyar los pies en los hombros de Günther y me encaramo a lo más alto.

GÜNTHER   Imposible, no puede ser… Me operaron de una hernia en las cervicales y tengo esa zona muy mal… Si te subes encima de mí me podría quedar hasta parapléjico.

FELICIANO   Está bien… está bien… lo haremos al revés… Tú te subes encima de mí y yo te sujeto encima de los hombros. (FELICIANO *le da el teléfono.*) Este es el botón de encendido, cuando haya cobertura veras una figura que…

GÜNTHER   Tengo un teléfono igual, tranquilo, se lo que hay que hacer…

VERONIQUE   ¡Venga vamos, vamos!

(*El plan se pone en marcha.* FELICIANO *y* VERONIQUE *ayudan a* GÜNTHER *a encaramarse sobre los hombros del primero.*)

FELICIANO   ¡Joder Günther, pesas como un demonio!

GÜNTHER   Pues estoy mucho más delgado que antes…

VERONIQUE   Vamos Gunchi yo te ayudo…

(GÜNTHER *por fin se coloca sobre los hombros de* FELICIANO.)

GÜNTHER   ¡Ya estoy!

VERONIQUE   ¡Bravo Gunchi!

FELICIANO   ¡Rápido Günther! ¡No creo que aguante mucho!

GÜNTHER   ¡Enciendo el móvil! (*Vemos a* GÜNTHER *levantando el brazo y buscando señal.*) *Gran expectación.*) ¡No hay cobertura!

             (FELICIANO *lo empuja hacia arriba.*)

FELICIANO   ¡¡Sube más alto!! ¡¡Más alto!!

             (GÜNTHER *se encarama a la palmera.* GÜNTHER *se acomoda y busca de nuevo.* FELICIANO *y* VERONIQUE *lo miran expectantes desde abajo.*)

GÜNTHER   ¡¡Aquí sí!! ¡¡Aquí sí!! ¡¡¡Hay cobertura!!! ¡¡¡Hay cobertura!!!

FELICIANO
/VERONIQUE   ¡¡Llama!! ¡¡Llama, rápido!! ¡¡Date prisa!!

GÜNTHER   ¡¡Voy!! ¡¡Ya!! ¡¡Ya!!... A ver este... este... era... cuatro seis... catorce... catorce... Y... ¡¡¡No me acuerdo!! ¡¡¡No me acuerdo!!!

FELICIANO   ¡¡Maldita sea Günther!!

GÜNTHER   ¡¡La tabla!! ¡¡Dadme la tabla!!

FELICIANO   ¡¡¡Veronique dale la tabla!!! ¡¡¡La tabla!!!

VERONIQUE   ¿¡Pero donde está la tabla!?

FELICIANO   ¿¡No la tenías tú!?

VERONIQUE   ¡¡Creía que estaba aquí pero no la veo!!

FELICIANO   ¡¡Búscala!! ¡¡Deprisa!! ¡¡Günther, intenta recordar el número!! ¡¡Inténtalo!!

(*Mientras* VERONIQUE *busca aquí y allá,* GÜN-
THER *vuelve a tener un bloqueo.*)

GÜNTHER   ¡Siete, cuatro, cinco, catorce... veinte...
si... cin... cua...cua...! ¡¡No me acuerdo!!
¡¡Joder!!

FELICIANO   ¡¡¡La tabla!!! ¡¡¡La tabla!!! ¡¡¡Veronique la
tabla!!! ¡¡Que se acaba la batería!!

(VERONIQUE *busca por todas partes desesperada.*)

VERONIQUE   ¿¡Dónde está!? ¿¡Dónde está!?

GÜNTHER   ¡Que se está acabando! ¡Que se está acabando!

VERONIQUE   ¡¡Esta al lado de la roca!!

FELICIANO   ¡¡Corre Veronique!!

(VERONIQUE *va corriendo hacia el lugar en el que hicieron el intento sobre la roca.*)

GÜNTHER ¡¡Deprisa, deprisa que se apaga!!

(VERONIQUE *coge la tabla al fin.*)

VERONIQUE ¡La tengo! ¡Te digo el número! ¡¡Seis, uno, ocho…!

GÜNTHER ¡Déjalo! ¡Es inútil! (*Abatido.*) Ya no hace falta…

VERONIQUE ¿¡Cómo!?

GÜNTHER El teléfono se ha apagado… se acabó…

VERONIQUE ¡¡Inténtalo otra vez Gunchi!! ¡¡Por favor!! ¡¡Intenta encenderlo!

GÜNTHER Es inútil… Lo intento pero no responde. Ya no hay nada que hacer… (VERONIQUE *se derrumba y empieza a sollozar.* GÜNTHER *baja de la palmera con gesto derrotado.*) ¡Maldita sea! (*Da una patada a la palmera.*) ¡No se puede tener más mala suerte!

(*Justo en ese momento un enorme coco cae de la palmera y golpea en la cabeza de* GÜNTHER, *que cae fulminado al suelo.* VERONIQUE *y* FELICIANO *intentan reanimarlo.*)

VERONIQUE ¡¡Günther!!¡¡Despierta!! ¡¡Günther!!

FELICIANO   ¡Vamos Günther!

(*Pero* GÜNTHER *no reacciona.*)

Oscuro.

FELICIANO, *solo en la playa mirando al mar. En ese momento salen de la choza* VERONIQUE *y* GÜNTHER. GÜNTHER *camina con gran torpeza y tiene la mirada perdida en un punto del infinito. No habla solo emite, de vez en cuando, algún sonido cadencioso e incompresible.*

VERONIQUE   Vamos Gunchi… Hay que estirar las piernas un poquito…

(VERONIQUE *lleva a* GÜNTHER *sujeto por el brazo y se deja llevar. Al pasar junto a* FELICIANO, GÜNTHER *levanta la mano y lo saluda.*)

GÜNTHER   Oaaaaaahhh…

FELICIANO   Hola Günther…

(VERONIQUE *lleva a* GÜNTHER *hasta el otro lado de la playa. Una vez allí* GÜNTHER *se sienta en una piedra y se queda mirando al mar.* VERONIQUE *regresa junto a* FELICIANO.)

VERONIQUE   Hace ya más de un mes de lo del coco, y no ha mejorado lo más mínimo… ¿Se habrá quedado así para siempre?

FELICIANO   El cerebro es un enigma…

VERONIQUE   Oh…

FELICIANO   De todas formas es un milagro que esté vivo…
El coco era enorme.

VERONIQUE   Un hombre tan vital… tan inteligente… El
empresario más poderoso de Alemania… Y
mírale… (GÜNTHER *sigue abstraído mirando
el mar con aire catatónico.*) Es como un vegetal… (*Los dos lo miran en silencio.*) Está
aislado de todo. No reacciona a nada… Lo
siento tan lejos de mí… Ahora entiendo
cómo te has sentido todo este tiempo… Solo,
sin nadie a quien contar tus más íntimos
pensamientos… tus anhelos…nadie con
quien compartir una caricia…

FELICIANO   Veintitrés meses y una semana llevo así…

VERONIQUE   ¿Y cómo has podido soportar esa soledad?

FELICIANO   Más de una vez he pensado arrojarme al mar
y dejarme devorar por los tiburones… Pero
como estos tiburones solo dan golpes en la
cabeza…

VERONIQUE   (*Asustada.*) ¿Tan duro es?

(FELICIANO *asiente.* VERONIQUE *llora.* FELICIA-
NO *se acerca y la abraza.*)

FELICIANO   Pero no llores por favor... no llores... Tú no tienes por qué pasar esa soledad que he pasado yo... Bueno, en realidad dadas las circunstancias actuales no tendríamos por qué sentirnos tan solos ninguno de los dos...

(VERONIQUE *da un respingo*.)

VERONIQUE   ¿Que estas insinuando?

FELICIANO   Por favor no, no me interpretes mal... No estoy queriendo decir que como Günther está así, tu yo vamos ya a... No, no, claro que no...

VERONIQUE   Ah, bueno...

FELICIANO   Pero es una posibilidad en la que deberíamos pensar...

VERONIQUE   ¿Pero de verdad crees que yo puedo pensar en eso con Gunchi en ese estado...?

FELICIANO   Veronique, él ya no está aquí... ese ser que hay ahí es... es... como un vegetal... un vegetal sin sentimientos... Una patata con ojos. (VERONIQUE *se echa a llorar*.) Lo siento, ha sido una metáfora desafortunada. Lo que debemos pensar es que Günther no sufre: él es feliz, vive en su mundo, a él le da igual lo que hagamos... Pero nosotros no estamos como él, nosotros tenemos otras necesidades... Solo somos seres humanos Veronique... débiles...

emotivos... frágiles... por eso necesitamos tener alguien en quien apoyarnos... alguien que nos haga sentir la calidez de una caricia... (FELICIANO *acaricia la cara de* VERONIQUE. *Ella se deja.*) No podemos privarnos de eso Veronique... No podemos condenarnos a una vida en soledad cuando nos podemos tener el uno al otro... (VERONIQUE *suspira.*) Por favor no creas que quiero abusar de esta situación pero... pero es que ya no lo resisto más... Pu... puedo...puedo darte un beso... uno pequeño... muy pequeño... Un beso fugaz... apenas un leve toque de tus labios...

(VERONIQUE *deja que* FELICIANO *se acerque pero súbitamente le pone la mano en el pecho.*)

VERONIQUE No puedo... no puedo hacerlo estando él ahí.

FELICIANO Pero si no se entera, te juro que no se entera...

VERONIQUE Pero lo veo...

FELICIANO Eso lo arreglamos ahora mismo... (FELICIANO *se levanta y se va a por* GÜNTHER, *le levanta con suavidad pero con firmeza sujetándole de un brazo y le conduce hasta la choza.*) Vamos, ven conmigo Günther... Mañana sigues viendo el mar... vamos... venga... venga...

(*Al pasar junto a* VERONIQUE, GÜNTHER *le hace el mismo gesto de saludo que antes hiciera a* FELICIANO.)

GÜNTHER   Oaaaaaaahhh…

(VERONIQUE *ahoga un sollozo.* FELICIANO *introduce a* GÜNTHER *en la tienda y regresa junto a* VERONIQUE.)

FELICIANO   Ya se ha ido… (VERONIQUE *aún está afectada por el saludo de* GÜNTHER. FELICIANO *se da cuenta y de repente se muestra sinceramente desolado.*) Oh… Lo siento, lo siento… Me he comportado como un auténtico energúmeno… Tu pasando un infierno emocional y yo pensado en… Soy un cretino… Olvida todo lo que estaba diciéndote, por favor. No he dicho nada, no ha pasado nada. Venga… vamos a planificar las actividades de mañana. (FELICIANO *adopta un tono diferente dando por concluido el tema anterior.*) Voy a poner las trampas en el otro lado de la isla… Los cangrejos de allí saben mejor, ¿verdad?

(VERONIQUE *mira a* FELICIANO *conmovida.*)

VERONIQUE   ¿Sigues soñando conmigo?….

(FELICIANO *asiente ruborizado.*)

FELICIANO   Cada noche… Me paso el día deseando que llegue la hora de irnos a dormir para poder empezar a soñar cuanto antes…

(VERONIQUE *lo mira unos instantes.*)

VERONIQUE   Está bien… un beso… pero de momento solo uno…

(FELICIANO *suspira.*)

FELICIANO   Oh dios… al fin… (FELICIANO *se acerca a ella. Cuando está a punto de besarla* VERONIQUE *cierra los ojos. Y justo en ese instante se aparta. Alarmado.*) ¿Qué pasa?

VERONIQUE   (*Asustada.*) ¡He visto a Gunchi mirándome!

FELICIANO   ¡Pero si está en la choza!

VERONIQUE   Ha sido al cerrar los ojos… Me siento vigilada, está en mi mente.

FELICIANO   Veronique el Günther que tú conocías ya no está, ni en tu mente ni en ningún sitio… Ya no existe… Así que puedes hacer lo que quieras porque él no se va a enterar…

VERONIQUE   Lo sé… pero me cuesta aceptarlo…

FELICIANO   Pues tendrás que hacerlo. Lo que tenemos ahí no tiene nada que ver con tu Günther, ahora es un ser catatónico que ni siente ni padece. Qué más quisiéramos nosotros que poder contar con él tal y como era antes, pero eso no es posible. Es como una planta… un vegetal incapaz de hacer nada por sí mismo… (*Grita desafiante hacia la choza.*) ¡Sal Günther, ayúdanos a recoger los peces de las trampas! (*A* VERONIQUE.) ¿Lo ves? No reacciona, ni siente ni padece… es como una piedra, como un mineral… (*A la choza.*) ¡Günther, tus empresas han quebrado! (*A* VERONIQUE.) ¿Lo ves? (*A la choza.*) ¡¡Günther, vamos a poner mi GPS a todo los coches alemanes, ¿qué te parece?!! (*A* VERONIQUE.) ¿Lo ves?

(*En ese momento la cabeza de* GÜNTHER *asoma por la puerta de la choza, esta aturdido pero puede hablar perfectamente.*)

GÜNTHER ¡Hay que parar eso! ¡Los GPG´s no! ¡No!

(FELICIANO *se queda atónito.* VERONIQUE *grita jubilosa.*)

VERONIQUE ¡¡¡Günther!!!

GÜNTHER (*Aturdido.*) ¿Qué… que ha pasado? Me duele la cabeza…

(VERONIQUE *va corriendo a abrazarlo.*)

Oscuro.

VERONIQUE y GÜNTHER *están hablando junto a su choza.* GÜNTHER *está muy enfadado.* VERONIQUE, *aunque también está disgustada intenta tranquilizarlo.*

GÜNTHER   Es intolerable. Me parece una vergüenza y no estoy dispuesto a soportarlo ni un día más.

VERONIQUE   Admito que no es una situación cómoda, pero también tienes que comprender que su posición es distinta a la nuestra Gunchi.

GÜNTHER   ¡Y tan distinta! Nosotros somos dos personas normales, pero lo que hace él no tiene nombre.

VERONIQUE   Es un poco raro… Pero tenemos que encontrar la forma de convivir en la isla… Y si eso lo hace feliz, pues a lo mejor deberíamos…

GÜNTHER   ¿Qué? ¿¡Deberíamos apoyarle!? ¿¡Es eso lo que quieres!? ¿¡Seguirle el cuento!? Al principio lo hicimos… Era hasta gracioso… Pero esto ya pasa de castaño oscuro…

VERONIQUE   Shhh… Aquí viene. Por favor, no discutas…

(En ese momento vemos aparecer desde el fon-
do de la isla a FELICIANO. *Trae en sus brazos*
una muñeca hecha con cocos. La cabeza, que
tiene unos bonitos ojos pintados, está hecha con
un coco del que han sacado hebras a modo de
cabello. Dos medios cocos son sus pechos. Lle-
va una especie de falda hecha con ramas. La
imagen recuerda a la de un ventrílocuo con su
marioneta. FELICIANO *viene charlando anima-*
damente con ella.)

FELICIANO   Ja, ja, ja… Cuando te pones a jugar no tienes medida… Te he tenido que sacar del agua
prácticamente a la fuerza… (VERONIQUE *y*
GÜNTHER *se miran circunspectos.* FELICIANO
llega hasta ellos.) Hemos estado nadando en
aquella parte de allí… a Olga le gusta más…
y eso que cubre bastante… (VERONIQUE *fin-*
ge una tensa sonrisa. GÜNTHER *está cada vez*
más enfadado.) ¿Está ya la comida?

VERONIQUE   El pescado está en la brasa.

FELICIANO   Estupendo, estamos muertos de hambre ¿verdad Olga?

GÜNTHER   (*Sarcástico y muy tenso.*) Lo siento pero se
nos ha olvidado preparar una ración para
ella…

FELICIANO   Bueno... Le daré de la mía... (*A «Olga».*) ¿Qué dices? (FELICIANO *acerca al oído a «Olga» y ríe al escuchar lo que parece ser una confidencia.*) Ja,ja,ja... Mujer, espera a que acabemos de comer al menos...

GÜNTHER   (*Muy grave.*) Feliciano, tenemos que hablar.

VERONIQUE   Günther por favor.

(FELICIANO *no lo ha oído pues sigue hablando con «Olga».*)

FELICIANO   ¿Ahora? ¿Antes de comer...? Oh... como eres... Está bien, está bien... (FELICIANO *se dirige ahora a* GÜNTHER *y a* VERONIQUE.) Ir comiendo vosotros... Venimos ahora... (FELICIANO *se mete con «Olga» en su choza. Al poco empiezan a oírse risas de* FELICIANO *y también las de una mujer.* VERONIQUE *y* GÜNTHER *se miran perplejos. A continuación empiezan a oírse los jadeos y las exclamaciones típicas de un efusivo encuentro sexual.*) Ohhhh... Sí... sí... Olga... Olga... Olgaaaaaaaa...

GÜNTHER   ¿Pero estás oyendo?

VERONIQUE   ...Déjalo Gunchi.

GÜNTHER   ¿Cómo lo voy a dejar? ¡Está tirándose a esa Olga aquí, delante de nosotros!

VERONIQUE   Günther por favor solo son unos cocos...

FELICIANO   Ohhhh… Sí… si… Olga… Olga… Ol-
gaaaaaaaaa…

GÜNTHER   Esto es inaceptable…

VERONIQUE   ¿Pero a ti que más te da?

GÜNTHER   Esto es una aberración y se va a acabar ahora mismo.

     (GÜNTHER *va hacia la choza de* FELICIANO, VE-
RONIQUE *intenta sujetarlo.*)

VERONIQUE   ¡Günther, por favor!

     (GÜNTHER *se zafa de* VERONIQUE.)

GÜNTHER   ¡Déjame! ¡Déjame! (GÜNTHER *se planta junto a la puerta de la choza de* FELICIANO.) ¡Feliciano!… ¡Feliciano!

     (FELICIANO *asoma la cabeza por la puerta de
la choza.* GÜNTHER *se mete en la tienda.*)

FELICIANO   (*Voz en off.*) ¡¡¡Eh!!! ¡¡¡¿Qué haces?!!!
¡¡¡Suéltala!!!

     (GÜNTHER *sale de la tienda con la muñeca.* FE-
LICIANO *también la tiene agarrada, y ambos
forcejean.*)

GÜNTHER   ¡Esto se ha acabado! ¡Me niego a convivir en
la isla con un zumbado!

FELICIANO   ¡Deja a Olga! ¡Suéltala te digo! ¡Le estás ha-
             ciendo daño!

GÜNTHER   ¡Solo son unos malditos cocos!

FELICIANO   ¡Ella es lo único que tengo, vosotros os te-
             néis el uno al otro pero yo no tengo nada!

VERONIQUE   En eso tiene razón Gunchi.

GÜNTHER   ¡No puede obligarnos a asistir a este dispa-
             rate como si fuera algo normal! Habla con
             ella, le pregunta cosas, le habla al oído, se
             hacen confidencias… se ríen… ¡Nos está so-
             metiendo a una situación desquiciante!

FELICIANO   Somos felices… ¿Qué hay de malo?

GÜNTHER   ¿¡Te excita esto!?

VERONIQUE   (*Lo justifica.*) Ten en cuenta que Feliciano
             es un hombre en unas circunstancias muy
             especiales…

GÜNTHER   ¡Lo que hay que estar es como una cabra para
             ponerse así con unos cocos!

FELICIANO   ¡Ya te gustaría a ti excitarte tanto con Vero-
             nique como me excito yo con Olga!

VERONIQUE   (*Indignada.*) ¡Eso sí que no, eh, Feliciano!
             Que a Günther le basta sentirme a su lado
             para excitarse tanto como el que más…

FELICIANO   ¡Claro, porque se pone hasta arriba de moscas!

VERONIQUE   ¿Cómo? ¿Qué es eso de las moscas?

FELICIANO   Utiliza unas moscas que hay en la isla que le sirven como afrodisíaco para poder estar contigo, para que te enteres…

VERONIQUE   ¿Es verdad eso Günther? ¿Estas comiendo moscas para excitarte? ¡Es repugnante!

GÜNTHER   (*Aturdido.*) Eh… yo… eh… (*Mira a* FELICIANO.) ¡Eres un miserable!

VERONIQUE   ¿Y porque no me lo has dicho nunca Günther?

GÜNTHER   No se… Yo… Yo es que…

VERONIQUE   Y yo que creía que te excitaba…

GÜNTHER   Y me excitas… te lo juro… Eso es solo una ayuda…

FELICIANO   Una ayuda que utiliza a diario.

VERONIQUE   ¿Por eso lo hacemos todos los días?

GÜNTHER   Lo hacemos todos los días porque es lo que a ti te gusta ¿no?

VERONIQUE   ¿A mí? Pero si yo lo hago porque creía que te gustaba a ti. A mí ya hasta me duele la espalda a veces…

FELICIANO Yo sin embargo con Olga no tengo ese problema... Lo hacemos cuando queremos... ¿verdad cariño?

GÜNTHER ¡¡Tú no te metas!!

FELICIANO ¡Estoy hablando con Olga!

GÜNTHER ¡¡Son solo unos cocos, joder!!

FELICIANO (A «*Olga*».) No le hagas caso, cariño...

(GÜNTHER *mira furioso a* FELICIANO.)

GÜNTHER Maldito chivato... ¡A tomar por culo tu «cariño»!

(GÜNTHER *tira la muñeca al fondo de la isla, por detrás de las rocas.*)

FELICIANO ¡¡¡Noooo!!! ¡¡¡Olgaaaaa!!!

(FELICIANO *sale corriendo en busca de la muñeca.*)

GÜNTHER ¡¡No vayas a por ella!! (*Sale tras él.*) ¡He dicho que no vayas a por ella! ¡Te voy a destrozar esa maldita muñeca!

VERONIQUE ¡¡Estáis locos!! ¡¡Gunchi, vuelve!!! ¡¡¡Gunchi!!! ¡¡¡Vuelve ahora mismo o no te vuelvo a dirigir la palabra en la vida!!! ¡¡¡Gunchi!!! (VERONIQUE *se queda sola sollozando.*) ¿Pero qué les pasa…? (VERONIQUE *se derrumba cayendo de rodillas llorando desconsolada.*) Pero qué clase de locura estoy viviendo… Uno esta chiflado y el otro es una especie de sátiro que come moscas para excitarse, oh dios… No puedo más… No puedo más… (*De repente, en voz en off, se escucha el sonido de un submarino al emerger y una sirena.* VERONIQUE *se levanta y mira hacia el lugar del que proviene el sonido.*) ¡¡¡Oh!!! ¡¡¡Es un submarino!!!

(*Oímos la voz que le habla en ruso por un megáfono.*)

VOZ   (*En off.*) ¡¡¿Вы одни на острове?!!

VERONIQUE   ¡¡No le entiendo!!

VOZ   (*En off.*) ¡¡¿Вы одни на острове?!!

VERONIQUE   ¡¡Lo siento!! ¡¡No le entiendo!! ¡Pero es igual! ¡Me voy con ustedes! (*Se expresa por gestos al tiempo que habla.*) ¡¡¡Yo-con-ustedes-en-el-submarino!!! ¡¡¡I-go-with-you!!! ¡¡¡Espere un momento!! ¡Wait a moment please! (VERONIQUE *coge rápidamente un lapicero de la choza, escribe algo en una tabla y la deja bien visible en el suelo. A continuación se dirige hacia el submarino.*) ¡¡¡Ya voy… ya voy!!! (VERONIQUE *se mete en la playa hasta salir por la izquierda del escenario.*) (*Off.*) ¡¡¡Gracias!!! ¡¡¡Muchísimas gracias por sacarme de aquí!!! ¡¡¡Thank you!!! ¡¡¡Thank you very much!!!

(*Oímos de nuevo la sirena y el ruido del submarino al sumergirse. Breve paso de tiempo. Aparecen* FELICIANO *y* GÜNTHER.)

FELICIANO   Jamás te perdonaré lo que has hecho ¡¡Jamás!! ¿Qué daño te había hecho a ti Olga? ¿A ver?

GÜNTHER   Juraría que antes se ha oído la sirena de un submarino…

FELICIANO   (*Indignado.*) Yo no he escuchado nada… Estaba intentando salvar a Olga antes de que la arrojases al mar…

GÜNTHER   ¿Dónde está Veronique? ¡Veronique! (GÜNTHER *empieza a buscarla por la isla.*) ¡Veronique estamos aquí!

(FELICIANO *repara en la tabla.*)

FELICIANO   Aquí hay algo escrito… (FELICIANO *empieza a leer con* GÜNTHER *a su lado.*)…«Me marcho. Ha venido un submarino y me voy con ellos. Puede que les diga que vengan a rescataros más adelante o puede que no. Estoy muy enfadada. En cualquier caso, no quiero volver a saber nada de vosotros jamás. Adiós». (*Los dos hombres se quedan atónitos mirando al mar.*) ¡Era verdad! Ha venido un submarino…Y se ha marchado en él… ¡Nos ha dejado aquí tirados!

(GÜNTHER *se queda pensativo.*)

GÜNTHER   ¿Sabes? Creo que nos ha venido bien que se vaya…

FELICIANO   ¿Cómo?

(GÜNTHER *pasa el brazo por encima del hombro de* FELICIANO.)

GÜNTHER   ¿Sabes que cuando estoy cerca de ti mi cuerpo «reacciona» sin necesidad de comer ninguna mosca?…

(FELICIANO *lo mira asombrado.*)

FELICIANO   ¡¿Pero que dices?!

GÜNTHER   Como lo oyes… Quizá eso explica mi actitud hostil hacia Olga…

(FELICIANO *está espantado.*)

FELICIANO   ¡Günther!

GÜNTHER   (*Seductor.*) ¿Por qué no pruebas a llamarme Gunchi…?

(FELICIANO *se vuelve hacia el público y se queda mirando petrificado.*)

Fin.

Esta primera edición de *los náufragos*,
de Antonio Prieto, terminó de imprimirse
en noviembre de dos mil veinticuatro,
en Madrid.